BORN
in the
COLD

BORN
in the
COLD

Liebe und Aufmerksamkeit in der
Wachstumsphase eines Kindes

BY

KURT GASSNER

My-mindguide.com

Born in the cold
Kurt Gassner

Impressum
My-mindguide – The publishing trademarke of trendguide Capital
GmbH, Klenzestr. 42a, 80469 Munich, Germany.

Reg. Nr. HRB Munich 206639, VAT 152 123 159, CEO: Kurt
Friedrich Gassner
Web: www.my-mindguide.com, mail: gassner@my-mindguide.com

Paperback ISBN: 978-3-949978-67-8
Hardback ISBN: 978-3-949978-69-2

Über das Buch

Die Umgebung, in der ein Kind aufwächst, wirkt sich auf seine Entwicklung aus. Das Zuhause soll ein sicheres Umfeld für Spiel und Erziehung bieten, das für die soziale und emotionale Entwicklung eines jeden Kindes von wesentlicher Bedeutung ist. Wichtige Interaktionen mit Eltern, Betreuern, Freunden, Geschwistern und anderen Menschen in der Gemeinschaft sollen ein Kind auf die Welt außerhalb seines Zuhauses vorbereiten. Wenn dies nicht der Fall ist, bringt ein kühles Zuhause ein Kind hervor, das voll von negativen Emotionen ist. Zweifel, Ängste, Verwirrung und völlige Hoffnungslosigkeit werden die Norm sein.

Dieses Buch erzählt die Geschichte eines emotional vernachlässigten Babys, die Auswirkungen auf alle Aspekte ihres Lebens und wie sie sich nach einem langen Weg voller Niederschläge erholte.

Es erzählt von den Auswirkungen emotionaler Distanz zwischen Mutter und Tochter und davon, wie das häusliche Umfeld und positive Interaktionen zwischen Eltern und Kindern dazu beitragen können, dass Kinder in der frühen Kindheit gesunde soziale und emotionale Eigenschaften entwickeln. Es enthält auch Einzelheiten darüber, wie selbst emotional vernachlässigte Eltern, welche unbewusst die emotionalen Bedürfnisse ihres

Kindes vernachlässigen, geheilt werden können. Es wird auch erklärt welche Schritte zu unternehmen sind, um ein emotional ausgeglichenes Kind groß zu ziehen.

Es ist ein Buch, das von der Geschichte von Anneliese inspiriert ist, und von allen Kindern, die mit einem geringen Selbstwertgefühl zu kämpfen haben. Es erzählt auch von Jugendlichen, die versuchen, sich in die Gesellschaft einzufügen.

Inhaltsübersicht

Einführung

Unsere Persönlichkeit und unser heutiger Charakter sind ein Spiegelbild unserer Kindheit. Das Verhalten, das wir im Erwachsenenalter haben, ist zu einem großen Teil auf die Erfahrungen zurückzuführen, die wir in der Kindheit gemacht haben.

Wenn ein Kind geboren wird, wird es in die Arme seiner Eltern geboren. Sie sehen einen großen, weisen, verständnisvollen Menschen. Das Einzige, was sie sehen, ist die Person, die sie auf die Welt gebracht hat. Jetzt erkennen sie die Stimme, die sie hörten, als sie im Bauch waren. Sie können nun die lieblichen Gesichter ihrer Eltern sehen, den fröhlichen Klang ihres Lachens hören und die Wärme der Liebe spüren, mit der diese Eltern sie überschütten.

Es ist schwierig, genau zu bestimmen, was ein Baby fühlt, weil es uns nicht erklären kann, was es fühlt. Dennoch haben Forscher die Emotionen von Säuglingen durch Beobachtung und Interpretation untersucht. Die meisten sind sich einig, dass Babys mit den grundlegenden Gefühlen von Freude und Kummer geboren werden, diese aber nicht verstehen. Vielfältige Emotionen und das Verständnis ihrer Bedeutung entwickeln sich, wenn sich das Gedächtnis und die kognitiven Fähigkeiten des Kindes entwickeln und seine Erfahrungen komplexer werden.

Wie in jedem Entwicklungsbereich folgen auch die Emotionen von Babys nicht unbedingt genau diesem Zeitplan. Je nach Temperament des Babys oder je nachdem, ob seine Umgebung nährend oder stressig ist, kann die emotionale Entwicklung intensiver oder gedämpfter erscheinen. In den ersten sechs Monaten bringen Babys ihre Gefühle zum Ausdruck, ohne zu wissen, warum. Am Anfang sind ihre Emotionen einfach Freude und Unmut. Wenn sie zufrieden sind, gurren sie vielleicht oder winken mit den Armen, wenn sie Ihre Stimme hören. Wenn ihnen kalt ist oder sie nass, müde, hungrig sind, werden sie weinen. Ihr Gesicht spiegelt ihre Stimmung wider. So bewegen sie ihren Mund, ihre Augenbrauen und ihre Stirn. Je nachdem, wie sie sich gerade fühlen.

Liebe ist ein schöner Teil des Lebens. Sie bringt uns dazu, uns selbst und die Menschen um uns herum zu verbessern. In unseren Beziehungen zu anderen Menschen wollen wir Liebe zeigen. Liebe ist eng mit Glück, Familie, Zufriedenheit und Fürsorge verbunden, und wir alle wollen in unseren Beziehungen Liebe zeigen. Liebe kann für manche Menschen schmerzhaft sein. Liebe kann auch eine Quelle des Kummers sein, und die Suche nach Liebe bei anderen führt nur zu noch mehr Schmerz und Verzweiflung. Leider ist dies ein Kreislauf, in dem sich viele andere Menschen wiederfinden. Er kann sogar normal und akzeptabel werden. Es kann sogar eine Selbstverständlichkeit sein. Aber so sollte es nicht sein. Es ist unklar warum. Was können wir also tun? Alles beginnt, wenn wir jung sind.

Kinder sind in jeder Hinsicht auf ihre Eltern angewiesen. Um als Erwachsene zu gedeihen, müssen sie von ihren

Bezugspersonen angeleitet, unterstützt und bestätigt werden und ihre körperlichen Bedürfnisse befriedigen. Wenn die Bezugspersonen eines Kindes gesund und glücklich sind, hat das Kind ein starkes Gefühl dafür, wer es ist.

Die Menschen können sich selbst trösten und lieben, weil sie eine gesunde Vorlage haben, auf die sie zurückgreifen können. Sie werden die gesunde, bedingungslose Liebe der Menschen spüren, denen sie am meisten am Herzen liegen. Sie werden wissen, wie Liebe aussieht und wie sie sich anfühlt. Sie werden ihr ganzes Leben lang nach diesem Gefühl Ausschau halten.

Was aber, wenn das Gegenteil eintritt und das Kind in einer Kälte geboren wird? Wenn die Bezugspersonen des Kindes emotional ungesund und unausgeglichen sind, wird das Kind ein schwaches und instabiles Gefühl dafür haben, wer es ist und was es fühlt. Es wird nicht in der Lage sein, sich selbst zu trösten, anderen zu vertrauen oder sich selbst zu lieben, und es wird wahrscheinlich Schwierigkeiten haben, in seinen Beziehungen als Erwachsener Erfüllung, Bedeutung und Zufriedenheit zu finden. Es wird nicht wissen, wie eine gesunde Liebe aussieht oder sich anfühlt.

Es gibt einen Unterschied zwischen der Sorge um die materiellen und um die emotionalen Bedürfnisse Ihrer Kinder. Liebe besteht nicht aus materiellen Dingen, und ich glaube, dass Sie das bereits erkannt haben. Dennoch sind materielle Dinge wichtig - nur nicht so wichtig wie bedingungslose Liebe, Fürsorge und Aufmerksamkeit. Komischerweise sorgen die meisten Eltern für die Grundausstattung und das „gute Leben" ihrer Kinder, schaffen es aber nicht, eine emotionale

Verbindung zu ihnen aufzubauen. Manche Eltern wollen es, aber sie wissen nicht, wie. Kein Wunder, dass manche Kinder aus wohlhabenden Elternhäusern am Ende verwöhnt sind und wegen ihres schlechten Benehmens in der Gesellschaft als anstrengend bezeichnet werden. Und dann wundert man sich, warum der Junge süchtig ist oder das Mädchen einen lästigen Lebensstil pflegt, indem es sich exzessiv betrinkt und unhöflich zu allen ist oder sich wie ein Tyrann aufführt. Aber wir wissen nur wenig über ihre inneren Kämpfe oder vom emotionalen Trauma, dem sie ausgesetzt waren.

Das Schwierige daran ist, dass ihre Betreuer diese Kinder meist nicht verstehen und sie nur als rebellisch und undankbar dafür bezeichnen, wie sehr sich ihre Eltern um sie bemüht haben.

In den meisten Fällen hatten diese Betreuungspersonen selbst emotionale Probleme, mit denen sie aufgewachsen sind. Das hat ihnen den Zugang zu den Emotionen ihrer Kinder oder das Verständnis für sie verwehrt. Wenn ihre Bezugspersonen emotional nicht verfügbar sind, lassen Kinder oft zu, dass sie ängstlich, traurig, verletzt oder wütend sind, und werden sogar für ihre instinktiven Gefühle bestraft. Diese Kinder wissen, dass sie nur Aufmerksamkeit bekommen können, wenn sie sich aufführen und richtig nerven. Diese Kinder lernen, dass Liebe Vernachlässigung bedeutet. Dadurch wird das dann die Art von Liebe sein, auf die sie sich freuen werden, wenn sie erwachsen sind.

Wenn sie solche Erfahrungen nicht gemacht haben, kann niemand wirklich verstehen, was Gesundheit, Respekt, Liebe oder Grenzen sind. Ein Kind lernt diese Dinge dadurch, wie es ihm durch seine Bezugsperson gezeigt wird. Das Kind lernt, Schmerz mit Liebe zu verbinden, wenn jemand das Kind schlägt und es „liebevoll" nennt. „Das heißt, ein Kind lernt fast alle Gewohnheiten von seinen Eltern.

Im Laufe der Zeit werden die Beziehungserfahrungen dieser Kinder immer schmerzhafter und schädlicher. Diese Menschen finden sich oft in Beziehungen wieder, in denen sie nicht gesehen werden, und fühlen sich zu Menschen hingezogen, die emotional nicht verfügbar sind. Obwohl sich das Kind nur Liebe wünscht, erkennt es nicht, wie diese aussehen und sich anfühlen sollte.

Dies bringt uns zu der Geschichte meiner Frau Anneliese, einem typischen Nachkriegskind. Das Kind wurde in eine Familie hineingeboren, die sich dem sozialen Aufstieg verschrieb. Es war ein geschäftiges Zuhause, in das es hineingeboren wurde. Es ist nicht so, dass ihre Eltern sie nicht geliebt hätten. Vielmehr war es kühl, weil sie sich vor allem darauf konzentrierten, ihre materiellen Bedürfnisse zu befriedigen, aber die emotionalen Bedürfnisse wenig zählten. Sie musste sich allein durch ihre Gefühle kämpfen. Anneliese war das letzte Kind von drei Kindern, und entgegen der Meinung, dass Nachgeborene die komplette Zuneigung bekommen, war es bei ihr genau umgekehrt.

Viele Kinder, die bei emotional abwesenden Müttern aufwuchsen, hatten kein kindgerechtes Zuhause. Laut Jasmine Lee Cori, einer anerkannten Psychotherapeutin und Bestsellerautorin, beaufsichtigten diese Eltern ihre Kinder nicht, sprachen nicht mit ihnen, berührten ihre Kinder nicht und waren nicht da, wenn ihre Kinder Hilfe brauchten.

Anneliese wurde als Tochter einer Geschäftsfrau im ländlichen Österreich geboren. Ihre Mutter war eine vielbeschäftigte Geschäftsfrau, die alles Nötige besorgte, aber immer zu beschäftigt war, um viel Zeit mit ihrer Tochter zu verbringen. Anneliese war das letzte von drei Kindern und fünf Jahre jünger als ihre ältere Schwester. Ihre Mutter war eine der allerersten Geschäftsfrauen im ländlichen Tirol/ Österreich. Sie war ehrgeizig. Trotz ihrer bescheidenen Anfänge kaufte sie zwei Häuser, ein Jagdgut, kochte für bis zu fünfzig Personen und betrieb sowohl ein Restaurant als auch eine kleine, ständig überbuchte Familienpension. Am Ende des Tages war Annelieses Mutter immer geistig und körperlich erschöpft und hatte weder die Kraft noch die Zeit, sich um die emotionalen Bedürfnisse ihrer Tochter zu kümmern.

Emotionale Defizite haben immer erhebliche Auswirkungen auf die nachfolgenden Lebensabschnitte der Betroffenen, so auch bei Anneliese, deren Geschichte wir im Folgenden näher beleuchten werden.

1.st Baby, Parents, Year 54-71
Childhood/Teenage years

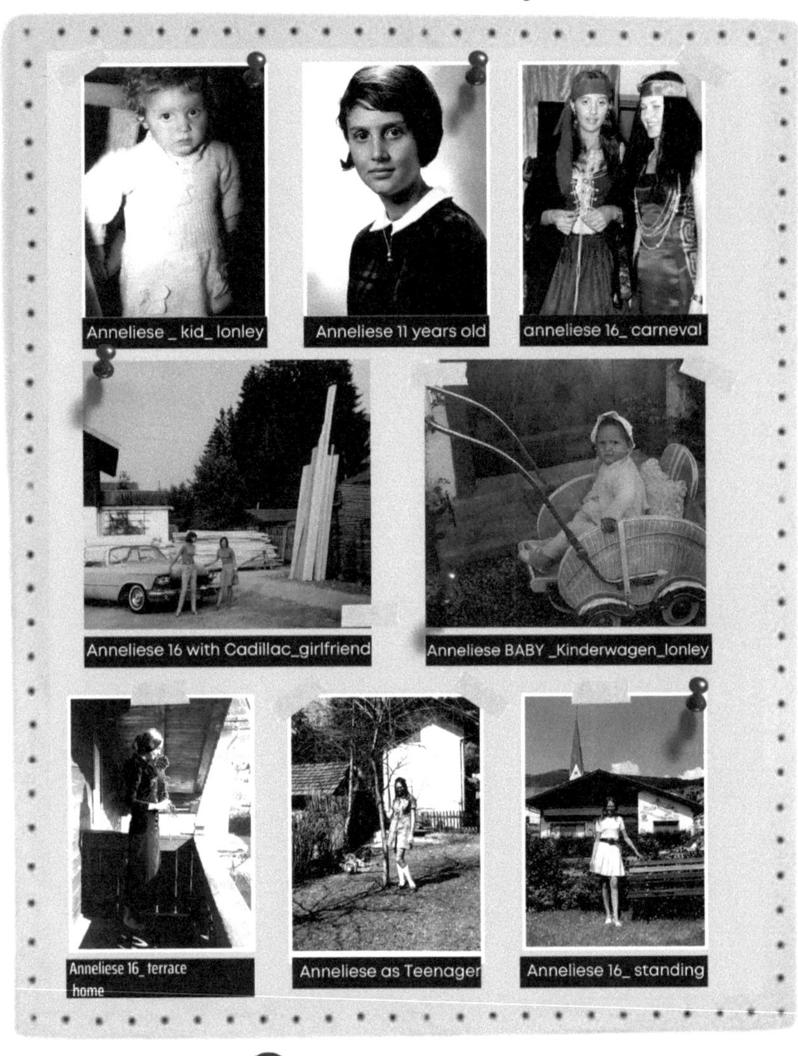

Kapitel 1

Was uns die Wissenschaft über den Einfluss von Emotionen im Mutterleib verrät

SWissenschaftler sagen, dass die ersten zwei Lebensjahre eines Kindes für das Wachstum des Gehirns am wichtigsten sind. In dieser Zeit werden etwa 80 Prozent der Gehirnzellen eines Menschen gebildet.

Selbst nach neun Monaten im Mutterleib gehören menschliche Babys zu den hilflosesten Lebewesen der Welt, denn sie brauchen die Nähe ihrer Eltern noch lange, nachdem sie den Mutterleib verlassen haben.

Im Gegensatz zu anderen Tieren fangen Menschen nicht sofort an zu laufen. Es dauert sehr lange, bis sie völlig unabhängig werden. Schenkt man dem Volksglauben vertrauen, so kann man davon ausgehen, dass sich Ihr Baby nach der Geburt zwei Jahre lang in einer Art „äußeren Schwangerschaft" befindet! Dies wird durch viele wissenschaftliche Erkenntnisse gestützt, die sich als wahr erweisen.

Auch wenn Ihr Baby nicht mehr im Mutterleib ist, ist es immer noch körperlich, emotional und kognitiv mit Ihnen verbunden. Das nennt man eine „äußere Schwangerschaft". Bei der Geburt war es durch die Nabelschnur mit Ihnen verbunden, aber jetzt hält das Stillen diese Verbindung aufrecht. Die Brust ist der neue Ort, an dem Sie und Ihr Baby in Kontakt treten können. Dort kann Ihr Baby Nahrung, Immunität und emotionale Unterstützung durch Ihre Milch erhalten.

Die Milch, die Ihr Baby von Ihnen bekommt, ist nicht das Einzige, was es bekommt! Es ist dasselbe, was passiert, wenn Sie schwanger sind. Sie und Ihr Baby werden zu einer Einheit von Körper und Geist. Um zu stillen, sollten Sie positive Gedanken hegen und Ihr Baby an einen sicheren, nährenden Ort mitnehmen. Diese Zeit soll eine heilige Zeit sein.

In den ersten zwei Lebensjahren sollte Ihr Baby so viel Liebe, Aufmerksamkeit und Anregung wie möglich bekommen. Es hat dieselben Bedürfnisse wie zu Beginn der Schwangerschaft. Als direkte Folge der Schwangerschaft müssen Sie sich weiterhin um Ihr Kind kümmern, es unterstützen und es allmählich an die Außenwelt heranführen.

Während sie heranwachsen, erhalten Babys immer wieder Botschaften von ihren Müttern. Als Elternteil sollten Sie mit ihnen spielen, ihnen vorlesen und so viel wie möglich mit ihnen sprechen. Das hilft ihnen, sowohl ihre kognitiven als auch ihre motorischen Fähigkeiten zu erlernen.

Doch Anneliese hatte als Baby nichts davon.

Nach der Geburt verbrachte ihre Mutter die nächsten zwei Stunden damit, das Abendessen für bis zu fünfzig Personen zuzubereiten: kein Moment der Mutter-Tochter-Begegnung, keine Bindung, keine Küsse, keine Emotionen jeglicher Art. Anneliese bekam nicht einmal mit, wie ihre Mutter sie auf der Welt willkommen hieß! Als Neugeborenes erhielt sie aus Zeitmangel wenig Zuwendung - keine Aufmerksamkeit von der Frau, die sie neun Monate lang trug. Das zeigt, dass es auch während der Schwangerschaft nur wenig Bindung gab. Annelieses Mutter war wahrscheinlich auf ihre Arbeit und alle Vorkehrungen, die sie treffen musste, konzentriert und hatte keine Zeit, eine Bindung zu ihrer Tochter aufzubauen, während sie im Mutterleib war. Sie blieb einfach im Mutterleib und hörte die Stimme ihrer Mutter, während sie alles in Ordnung brachte. Aber diese Stimme hat sie nie tatsächlich erreicht. Sie hat Anneliese nie sanft gestupst, um zu sehen, ob es ihr gut geht.

Nachdem sie hart gekämpft hatte, um auf die Welt zu kommen, wurde sie allein gelassen, eingewickelt in ein schickes Tuch in einem leeren Raum, ohne die Wärme, den Geruch oder die Küsse ihrer Mutter zu spüren. Stattdessen ging die Frau, die sie neun Monate lang getragen hatte, weg. Sie bewirtete stattdessen fünfzig Leute. Es war fast so, als würde sie von der Welt selbst zurückgewiesen werden.

Die Schwangerschaft stellt von den ersten Augenblicken nach der Empfängnis an eine tiefe physiologische und emotionale Verbindung zwischen der Mutter und ihrem Baby dar. Die Frau ist oft von positiven Gefühlen wie Freude, Überraschung und Begeisterung erfüllt. Die klinische Praxis berichtet aber auch von Frauen, die entgegen den gesellschaftlichen Erwartungen entgegengesetzte Emotionen erleben, die von Traurigkeit, Ablehnung, Wut und Angst bis hin zu ausgeprägten depressiven

Erlebnissen reichen. Noch bevor das Kind auf die Welt kommt. Doch was ist der Grund für so viel emotionale Ambivalenz? Und welchen Einfluss haben die Emotionen der Mutter auf das Wohlbefinden des Fötus?

Die Erwartung eines Babys bringt den Lebensstil der Frau durcheinander und macht es erforderlich, mehrere Bereiche ihres Lebens neu zu ordnen: Arbeit, Körper, Beziehungen und finanzielle Veränderungen. Die werdende Mutter kann sich von all diesen Veränderungen so überwältigt fühlen, dass sich ihre Stimmung verschlechtert, Angstsymptome auftreten und der empfundene Stresspegel steigt. Verschiedene Formen von Angst und pränatalem Stress könnten das Risiko für emotionale Schwierigkeiten oder Selbstregulierung in den ersten beiden Lebensjahren des Kindes erhöhen. Eine übermäßige Kortisolproduktion, die als Reaktion auf Stresssituationen aktiviert wird, wird mit Atemwegs- und Verdauungserkrankungen bei Kindern bis zu drei Jahren in Verbindung gebracht. Gerade die hohen mütterlichen Cortisolspiegel, die während der Schwangerschaft produziert werden, wirken sich auf die frühe Stressregulierung aus und bestimmen zum Beispiel eine ausgeprägte Verhaltensreaktivität.

Die fötale Periode, die von der neunten Schwangerschaftswoche bis zur Geburt reicht, verdient jedoch besondere Aufmerksamkeit. Sie ist eine der kritischsten Perioden für die Gehirnentwicklung. Pränataler Stress könnte die Entwicklung des Gehirns anfälliger für zusätzliche Stressfaktoren wie mütterliche Depressionen machen, die bekanntermaßen einen erheblichen Einfluss auf das Temperament und die emotionale Regulierung des Kindes haben. Im Besonderen:

Ein Hang zur Traurigkeit

Mütterliche Depressionen sind keineswegs selten. Bei vielen Frauen kann es zu einem sofortigen Absinken der Stimmung und einem allgemeinen Gefühl der Unzulänglichkeit kommen. Sie betrifft etwa 15 Prozent der schwangeren Frauen (in einem ähnlichen Prozentsatz wie Frauen in der postnatalen Phase) und kann beim Nachwuchs zu kognitiven, verhaltensmäßigen und emotionalen Schwierigkeiten führen. Dies geht aus einer Studie hervor, in der der Zusammenhang zwischen den depressiven Symptomen der Mutter (während der Schwangerschaft und im ersten Jahr nach der Geburt) und dem Prozentsatz der internalisierenden Verhaltensstörungen (emotionale/ängstliche Anzeichen und Trennungsangstsymptome) untersucht wurde. Die Rate beider Arten von Störungen war bei Kindern höher, deren Mütter schwerere depressive Symptome aufwiesen, sowohl in der pränatalen Phase als auch im Jahr nach der Entbindung. Den Wissenschaftlern zufolge machen es diese Ergebnisse notwendig, die psychische Gesundheit der Mütter zu überwachen, um das Risiko damit verbundener negativer Auswirkungen auf die sozio-emotionale und verhaltensbezogene Entwicklung der Kinder zu verringern.

Um all dies zu ermöglichen, ist es notwendig, ein echtes Unterstützungsnetz auszubauen., das die Intervention verschiedener Fachleute (wie Geburtshelfer, Gynäkologen und Psychologen) einschließt. Der Zweck sollte sein, dass die schwangere Frau dazu gebracht werden, ihre Gefühle mitzuteilen und so dem oftmals auftretenden Gefühl der Unzulänglichkeit und dem Schuldgefühl entgegenzuwirken. Das ergibt sich daraus, dass sie sich nicht so glücklich fühlt, wie es der gesunde Menschenverstand erwarten würde. Sich vor und nach der Geburt auf das Fachwissen von Spezialisten zu stützen, kann einen großen Unterschied machen.

Die aktuelle Wissenschafts- und Gesundheitslandschaft bewegt sich in diese Richtung: Die Unterstützung und der Schutz des Psychosomatischen Wohlbefindens der Mutter sind zu einem wichtigen Faktor für die Vorbereitung auf eine gesunde und harmonische Entwicklung des Kindes geworden.

Was fühlt das Baby im Mutterleib?
Jedes Baby entwickelt seine Persönlichkeit, noch bevor es geboren wird. Aber was brauchen ungeborene Babys, um in Ruhe zu reifen?

Unsere Geschichte beginnt mit der Geburt. Obwohl für Embryologen, Gynäkologen, Psychologen und werdende Mütter und Väter die Zeit davor bereits als Leben gilt. Für die meisten besteht kein Zweifel daran, dass das winzige Ding, dessen Herz weniger als vier Wochen nach der Empfängnis von selbst schlägt, mehr ist als eine Ansammlung von Zellen. Und zwölf Wochen alte Babys im Mutterleib haben winzige Hände, und jede Fingerkuppe ist mit einem Netz von empfindlichen Tastzellen ausgestattet. Die Gesichtszüge entwickeln bereits einen individuellen Ausdruck.

Wie viele Kinder bereits im Mutterleib Menschen sind, wird deutlich, wenn man sich winzige Frühgeborene ansieht, Babys, die etwa in der fünfundzwanzigsten Schwangerschaftswoche sind. Schwangerschaftswoche. Das Einzige, was ihnen fehlt, sind schützende Fettpolster unter der Haut und stabile Lungenbläschen. Wenn man in ihre rührend unschuldigen Gesichter schaut, zögert man keinen Moment: Es ist klar, dass diese Kleinen bereits die ganze Bandbreite menschlicher Emotionen kennen. Sie runzeln die Stirn und wimmern, wenn ihnen beispielsweise Blut abgenommen werden muss. Sie entspannen sich und versuchen manchmal sogar zu lächeln, wenn sie auf der nackten Brust ihrer Mutter liegen und ihren Herzschlag spüren dürfen.

Die Sinne sind bei Frühgeborenen genauso wach wie bei Kindern, die den Mutterleib nicht vorzeitig verlassen. Die Gebärmutter ist ein Schutzraum, aber das Ungeborene ist nicht außerhalb der Welt. Das bedeutet, dass das Kind im Mutterleib am Leben seiner Mutter teilnimmt. Es spürt die Umgebung, in die es hineingeboren wird. Dieses Wissen ist faszinierend, aber manchmal auch ein bisschen deprimierend. Das heißt, bevor Anneliese geboren wurde, hatte sie eine leise Ahnung davon, was die Außenwelt für sie bereithalten könnte.

Viele schwangere Frauen stellen sich hin und wieder Fragen wie: Bekommt das Baby in meinem Bauch alles mit, was ich erlebe? Spürt es meine Zweifel, Sorgen, Nöte und Hektik? Was muss ich tun, damit es ihm gut geht?

Die moderne Wissenschaft versucht, Antworten auf solche Fragen zu geben. Hier ist die wichtigste Erkenntnis:

Es besteht eine nachweisbare materielle Verbindung zwischen Mutter und Kind

Das ungeborene Kind wird keineswegs nur ernährt, der mütterliche Organismus versorgt es auch mit vielen Informationen. Über die Plazenta werden die stofflichen Botenstoffe der Gefühle und Hormone an das Kind weitergegeben. So steigt beispielsweise der Cortisolspiegel an, wenn die werdende Mutter gestresst ist. Bei Messungen des Nabelschnurblutes konnten Ärzte feststellen, dass der erhöhte Stresspegel mit einer Verzögerung von nur wenigen Pulsschlägen auch das ungeborene Kind erreicht. Babys reagieren unterschiedlich auf Stress im Mutterleib. Manche werden unruhig und unruhig in ihren Bewegungen. Andere machen sich klein und ziehen ihre Arme und Beine eng an den Körper. An den positiven Gefühlen der Mutter nimmt das Baby ebenso direkt teil. Sobald sich die Mutter entspannt, fließen Endorphine und andere Glückshormone zum Ungeborenen, und das Kind ist glücklich.

Embryologen fanden heraus, dass die Rezeptoren für die Glücksbotenstoffe schon früh im embryonalen Gehirn gut ausgebildet sind. Messungen der Gehirnströme von Ungeborenen zeigten, dass die Ausschläge der Kurven kleiner wurden, wenn die Forscher die werdende Mutter (etwa ab der zwanzigsten Schwangerschaftswoche) aufforderten, sich eine besonders schöne Situation vorzustellen. Das Baby konnte diese schönen Gedanken im Mutterleib genießen.

Die Sinne des ungeborenen Kindes entwickeln sich. Das Kind kann seine Mutter von Woche zu Woche deutlicher wahrnehmen. Zunächst erwacht der Tastsinn: Die Haut reagiert bereits in der siebten Woche. Das Kind spürt, wie das Fruchtwasser es umgibt. Sein Körper fühlt den Rhythmus der inneren Organe der Mutter und schwingt mit ihrem Herzschlag mit. In der fünfundzwanzigsten Woche ist das Gehör des ungeborenen Kindes ausgereift. Jede werdende Mutter hat es schon erlebt: Das Kind zuckt zusammen, wenn der Mixer eingeschaltet wird oder die Autotür zugeschlagen wird.

Ungeborene Babys können schon früh „schlechte" von „guten" Geräuschen unterscheiden. Liebesbotschaften der Mutter kommen immer gut an. Wenn Mütter mit ihrem Kind sprechen, beruhigt es sich, oder es zappelt fröhlich herum. In einer Untersuchung wurde eine Frau gebeten, es ihr gleichzutun, sich nach der Ultraschalluntersuchung etwas länger hinzulegen und laut mit ihrem Kind zu sprechen. Als wir kurz darauf wieder auf den Bildschirm schauen, schwimmt das ungeborene Baby ganz entspannt in der Gebärmutter.

Anneliese verpasste all diese friedlichen Interaktionen, als sie noch im Mutterleib war, denn ihre Mutter war so sehr damit beschäftigt, Geld zu verdienen und für andere zu sorgen, dass sie wenig, bis gar keine Zeit für sich selbst hatte. Ganz zu schweigen von dem Kind in ihrem Bauch.

Alle Forscher, die sich mit dem Seelenleben ungeborener Kinder befassen, gehen davon aus, dass Mutter und Kind von innen heraus verbunden sind, auch wenn dieser Kommunikationsweg biochemisch oder mit Ultraschall nicht nachweisbar ist. Das ungeborene Kind nimmt den Gemütszustand seiner Mutter wahr, es spürt ihre Gedanken.

In den guten, harmonischen Phasen der Schwangerschaft genießen die werdenden Mütter eine innige Verbindung mit dem Baby. In den weniger angenehmen Zeiten kann diese Nähe die Frauen aber auch beunruhigen, weil sie ahnen, dass sie die Sorgen, die immer wieder von ihrem ungeborenen Kind ausgehen, nicht halten können. Die Gefühle der werdenden Mutter prägen ihr Kind. Wenn ein Mensch im Mutterleib nur Ablehnung erfährt, wird er es später im Leben wahrscheinlich schwerer haben, sich selbst zu mögen.

Liebe und Zuversicht

Das Baby im Mutterleib lebt sehr stark im Moment.

Jede Mutter möchte, dass ihr Kind im Mutterleib zu einem glücklichen Wesen heranreift. Leider ist das nicht immer die Realität. Selbst ein Wunschkind kann der Frau, die es austrägt, gelegentlich Kummer bereiten. Und das Kind muss diese negativen Energien aushalten. Wäre es da nicht besser, solche Gefühle mit ganzer Kraft zu unterdrücken?

Ungeborene Babys leiden, wenn es ihrer Mutter nicht gut geht. Das Baby im Mutterleib lebt sehr stark im Moment. So schnell wie es in eine schlechte Stimmung verfällt, so schnell hellt sich sein Gemüt auf, wenn es der Mutter wieder besser geht. Und selbst kurze Phasen der Versöhnung mit dem Ungeborenen haben eine heilende Wirkung auf die Seele, wenn schwierige Zeiten zu Ende gehen. Das Kind riecht das Paradies im Bauch. Es spürt, dass es Glück gibt und dass es mit seiner Mutter auf dem Weg zu diesem Zustand ist. Das ist schon im Mutterleib eine emotionale Stärke, die das Kind lehrt, nicht zu verzweifeln, wenn es einmal schlecht läuft.

Welche Eindrücke nimmt das Kind mit in die Welt?

Fast alle Neugeborenen haben Verhaltensweisen, die ihnen ein Gefühl der Sicherheit vermitteln, so wie sie es in der Gebärmutter kennen gelernt haben. Zum Beispiel krabbeln schon die ganz Kleinen in ihrem Stubenwagen oder Bettchen mit dem Kopf dicht an das Geflecht heran (was manchmal etwas beengt aussehen kann). Das erinnert an das pränatale Gefühl, wenn die Beckenknochen der Mutter den Kopf eng umschlossen haben.

Die meisten Kinder kommen mit dem Grundgefühl der Wärme, der Nähe und des Schutzes ihrer Mutter auf die Welt. Sie spüren, dass ihre Liebe sie auch dann noch trägt, wenn sie in den neun gemeinsamen Monaten Tiefpunkte der mütterlichen Befindlichkeit erlebt haben. Neugeborene geben ihren Müttern einen wunderbaren Beweis für ihr Vertrauen: Auf nichts reagieren sie so stark wie auf die Stimme der Mutter. Sie zu hören, hilft den Kleinen, glücklich zu sein.

Eine vielbeschäftigte oder gestresste Mutter gibt die Stressangst an ihr ungeborenes Kind weiter

Wie der Vater, so der Sohn, heißt es immer, aber vielleicht ist es besser: wie eine schwangere Frau, so ihr Kind. Denn was eine werdende Mutter isst, wie gestresst und ängstlich sie sich fühlt, prägt sich in den Genen und im Gehirn ihres Babys ein und beeinflusst es ein Leben lang.

Es klingt zu einfach, dass glückliche Schwangere glückliche Kinder zur Welt bringen. Wer gelassen bleibt, bekommt ein entspanntes Baby, und wer überängstlich durch die zehn Monate taumelt, bekommt auch ein unausgeglichenes Kind. Kann das wahr sein?

Fragt man Neonatologen, Geburtshelfer und Neurowissenschaftler nach den Zusammenhängen zwischen der Zeit im Mutterleib und dem späteren Charakter des Kindes, so ist die Antwort erstaunlich. Obwohl vieles noch Gegenstand der Grundlagenforschung ist, liegt es auf der Hand, dass eine glückliche Mutter tendenziell ein glückliches Kind hat. Während der zehn Monate werden zentrale Regelkreise im Gehirn und die Gene kalibriert. Dieser Prozess der fötalen

Programmierung prägt das Verhalten für ein ganzes Leben. Es ist wie ein Stempel, den man in Knetmasse drückt.

Die Prägung von „Stress"

Eine solche Prägung ist zum Beispiel der Stress, den eine werdende Mutter während der Schwangerschaft empfindet. Unter Stress wird im Körper Cortisol ausgeschüttet. Etwa zehn Prozent des Hormons überwinden die Plazentaschranke und gelangen in das Gehirn des Kindes. Die Auswirkungen von Cortisol auf das Kind sind sehr gut erforscht, denn bei etwa einer von zehn Schwangeren setzen die Wehen vorzeitig ein, und die Ärzte spritzen dann Stresshormone, damit die Lungen des Babys schneller reifen. Der pharmakologische Stresspegel kann gemessen und mit dem Verhalten des Kindes in Verbindung gebracht werden.

Ein bisschen scheint zu reichen, um das Verhalten dauerhaft zu verändern: Wurden schwangeren Frauen nur zwei Tage lang Stresshormone verabreicht, waren ihre Kinder im Alter von acht Jahren immer noch deutlich stressempfindlicher. Aufmerksamkeitsstörungen traten bei den betroffenen Kindern häufiger auf: Die Betroffenen können sich weniger gut konzentrieren und verhalten sich seltener ruhig als andere Gleichaltrige. Sogar der IQ wird niedriger sein.

Gene und das Gehirn

Im Gehirn wird Stress vor allem durch den Hippocampus und den Hypothalamus reguliert. Wenn der Cortisolspiegel des Babys während der Schwangerschaft dauerhaft erhöht ist, wird dies als normal definiert. Die Stresssysteme des Körpers sind so eingestellt, dass das Kind schneller und häufiger gestresst wird, aber das braucht es auch, um in Topform zu sein. Die Stressachse (d. h. die Aktivierungskette innerhalb des Stresssystems) wird hyperaktiv. Bei einem einmaligen Beziehungsstreit oder einer Auseinandersetzung am Arbeitsplatz hat jedoch noch niemand eine solche Verhaltensänderung bei den Nachkommen beobachtet. Vielmehr sind die Auswirkungen bei Menschen zu beobachten, die sich fast immer gestresst und nervös fühlen.

Demenz durch pränatalen Stress
Von Geburt an auf Stress eingestellt zu sein, ist nicht per se schlecht. Evolutionär gesehen ist dies ein Vorteil, denn diese Menschen sind wachsamer und nehmen die Gefahr nicht auf die leichte Schulter.

Cortisol fördert den Zelltod, hemmt das Sättigungshormon Serotonin und lässt den Blutdruck steigen. Ständige Wachsamkeit ist aber auf Dauer ungünstig für die Nervenzellen. Wer ständig gestresst ist, bekommt deshalb häufiger Schlaganfälle und hat eine geringere Lebenserwartung.

Und damit nicht genug der Nachteile, denn das Stresshormon treibt den Zelltod an, der Stress im Mutterleib wird den geistigen Verfall im Alter prägen. Ist die Demenz-Epidemie in den Industrienationen auf den Dauerstress der Schwangeren zurückzuführen? Pränataler Stress führt bei Mäusen und Primaten zu einer vorzeitigen Alterung des Gehirns.

Stress und bestimmte Emotionen wie die Angst der Mutter während der Schwangerschaft hinterlassen ihre Spuren beim Kind. In der ersten Hälfte der Schwangerschaft werden fast alle Nervenzellen im Gehirn gebildet, so dass das limbische System, die Stressachse und verschiedene Neurotransmittersysteme im Gehirn des Babys auf den Grad der erlebten Angst geeicht sind, zumal Angst in den grauen Zellen ähnlich wie Stress verarbeitet wird. Wenn die Mutter während der gesamten Schwangerschaft sehr besorgt war, produzieren die Kleinen später schnell eine Menge Stresshormone, wenn sie mit irgendeiner Form von Widrigkeiten konfrontiert werden.

Ständige Achtsamkeit

Lehrer und Mütter sagen, dass die Kinder, die eine überängstliche Frau zur Welt gebracht hat, im Alter von etwa acht Jahren besonders schwierig, unkonzentriert und unruhig sind. Diese Mütter haben außergewöhnlich hohe Werte in standardisierten Tests zur Bestimmung der Angst, weil sie zum Beispiel angaben, dass sie sehr oft nervös, unruhig und besorgt waren und Angst vor Unfällen hatten. Dieser permanente psychische Zustand wirkt sich nachhaltig auf ihre Kinder aus. Selbst als Teenager im Alter von vierzehn und fünfzehn Jahren sind sie bei Tests noch impulsiver. Sie antworten zum Beispiel schneller, machen aber mehr Fehler als andere Kinder. Selbst mit fast zwanzig Jahren scheinen die Unterschiede noch zu bestehen: Sie sind nicht unbedingt schlechter in den kognitiven Tests. Sie sind zum Beispiel kreativer und reagieren viel stärker auf Lob. Aber in anregungsarmen Situationen, wie einer langweiligen Schulstunde, fällt ihr Verhalten oft aus dem Rahmen. Sie können sich nicht konzentrieren, weil sie nur unter Stress gut zurechtkommen - ihr Normalzustand.

Die Angst der Mutter wirkt sich auf das Kind aus: Übermäßig besorgte Frauen haben besonders wenig von einem bestimmten Enzym, das dafür sorgt, dass das Stresshormon Cortisol abgebaut wird, bevor es die Plazenta passiert. Das Gehirn und die Gene des ungeborenen Kindes sind daher besonders hohen Cortisolwerten ausgesetzt.

Dies wirkt sich auf ganz bestimmte Verhaltensweisen aus: Babys von ängstlichen Schwangeren reagierten im Alter von neun Monaten auf einen harmlosen „Daddada"-Ton mit ständiger Wachsamkeit. Normalerweise lernen die Säuglinge, nachdem sie das Geräusch ein paar Mal gehört haben, dass es nichts bedeutet und ignorieren es. Eine sensible Reaktion ist in einer sicheren Umgebung von Nachteil und begünstigt Angststörungen und andere psychische Störungen.

In einem standardisierten Test reagierten die Kleinen stärker auf panische Frauenstimmen und schenkten ihnen mehr Aufmerksamkeit als fröhlichem Geplapper. Sie sind also ängstlicher und filtern angstauslösende Informationen aus ihrer Umgebung viel stärker heraus. Dies ist ein Vorteil für Kinder, die in einem Krisengebiet geboren werden. Sie spüren sofort, wenn Gefahr im Verzug ist.

Krank durch Essen
Das Essverhalten der Mutter beeinflusst auch das Kind, das sie austrägt. Wie stark dieser Einfluss sein kann, wurde schon vor Jahren bei der Krankheit Diabetes mellitus festgestellt. Sie wird zwei- bis dreimal häufiger über die mütterliche Linie vererbt. Warum, war lange Zeit nicht klar. Heute weiß man die Antwort: Das Überangebot an Nahrung und Blutzucker in der Schwangerschaft sorgt für ein Stoffwechselungleichgewicht beim Kind. Normalerweise helfen die Hormone Leptin und Insulin, die Zuckerflut zu bewältigen, und geben das Signal,

satt zu sein. Doch die Gehirne von Diabetikerbabys reagieren kaum auf diese Stoffe. Sie brauchen viele Kalorien, um ihren Heißhunger zu stillen. Das hat lebenslange Auswirkungen auf ihr Essverhalten.

Woher weiß der Fötus, dass seine Mutter gestresst oder depressiv ist?

Wenn es um Körperteile geht, sind Hormone ein wichtiger Bestandteil des Prozesses. Vergleicht man den Cortisolspiegel im Plasma einer Frau mit dem Spiegel im Fruchtwasser, dem der Fötus ausgesetzt ist, so zeigt sich bei weniger ängstlichen Frauen eine geringere Korrelation. Das liegt daran, dass sie weniger gestresst sind. Bei ängstlicheren Frauen ist es allerdings wahrscheinlicher, dass sie viele Dinge im Kopf haben. Dies deutet darauf hin, dass die Angst der Mutter die Plazenta anders arbeiten lässt, was die Menge an Cortisol, die das Fruchtwasser erreicht, verändern kann.

Es wurde festgestellt, dass es in der Plazenta ein Enzym gibt, das dazu beiträgt, Cortisol zu deaktivieren, während es die Plazenta passiert. Die Funktion dieses Enzyms ändert sich je nach dem Grad der Ängstlichkeit der Frau. Beim Menschen scheint der Stress der Mutter mit einer „Abschaltung" des Gens verbunden zu sein, das dieses Enzym steuert, so dass mehr Cortisol den sich entwickelnden Fötus erreicht. Diese hohe Cortisolkonzentration führt zu einem Rückgang der Nervenzellbildung und zu Veränderungen in der Art und Weise, wie sich die Neuronen bewegen und Verbindungen bilden, was die Wahrscheinlichkeit erhöht, dass Menschen ängstlich sind.

Hormonforscher haben herausgefunden, dass sich die Hormone verändern, wenn diese Plazentarezeptoren ausgeschaltet werden, und die Kinder ängstlicher werden, als wenn sie jünger sind.

Gibt es andere Möglichkeiten, dies zu tun?

Die Rolle des Immunsystems bei der Entwicklung des Gehirns ist immer noch ein großes Geheimnis. Stress kann die Steuerung des Immunsystems verändern. Entzündungsproteine, so genannte Zytokine, können sich darauf auswirken, wie ein Neuron wächst und Verbindungen bildet, und sie können darüber hinaus bestimmen, welche Neuronen leben und wie sie wachsen. Dies wirkt sich auch auf die Entwicklung des Gehirns und des Verhaltens des Fötus aus.

Forscher haben sich auch mit den Vorteilen des Haut-zu-Haut-Kontakts für Säuglinge beschäftigt. Die einzigartige Interaktion zwischen Mutter und Kind hilft Babys, sich zu beruhigen und besser zu schlafen. Es hat sich auch gezeigt, dass dies die Entwicklung des Gehirns fördert.

Da sie fast zehn Monate lang von einer gestressten Mutter getragen wurde, kann man davon ausgehen, dass Anneliese selbst schon ein gestresstes und nervöses Kind war, das von den Hormonen ihrer Mutter beeinflusst wurde.

Als Schwangere oder Mutter haben Ihr Befinden, Ihre Stimmung und Ihre Gefühle einen großen Einfluss auf Ihre Kinder. Und in gewisser Weise ist dies ein wichtiger Faktor dafür, wie sie auf bestimmte Situationen reagieren werden. Da Liebe und Aufmerksamkeit auch an den Fötus weitergegeben werden können, hätten sie bereits eine unbewusste Liebe für sich selbst und die Welt, in die sie kommen, gehabt.

Wenn Sie jedoch eine dieser negativen Energien an Ihren Fötus weitergegeben haben, gibt es andere Möglichkeiten, sie zu korrigieren. Die Schwangerschaft kann eine Achterbahnfahrt sein und dauert fast ein Jahr. Das bedeutet, dass es sicherlich Zeiten geben wird, in denen Sie sich niedergeschlagen, deprimiert oder traurig fühlen. Das bedeutet, dass diese Emotionen an Ihr Kind weitergegeben werden könnten.

Viele Untersuchungen haben gezeigt, dass Massagen Kindern, die gestresst sind, helfen können. Wenn es Ihnen, wie Annelieses Mutter, nicht gelungen ist, eine körperliche und emotionale Verbindung zu Ihren Kindern aufzubauen, ist die Massage eine der Möglichkeiten, dies zu ändern. Das erste Mal, dass Eltern ihr Kind massieren, ist, wenn es noch sehr klein ist, was zum Aufbau einer starken Beziehung beitragen kann. Viele Untersuchungen haben gezeigt, dass Menschen, die sich massieren lassen, weniger gestresst sind, wenn sie zur Schule gehen müssen, im Krankenhaus liegen oder andere stressige Erfahrungen machen.

Eine andere Möglichkeit ist, sich ausreichend Zeit zu nehmen, um mit dem Kind zu sprechen und eine Bindung aufzubauen. Sie sollten es halten und berühren, lassen Sie Ihr Baby nicht in Ihren Armen einschlafen, sondern verbringen Sie viel Zeit mit Ihrem Baby, damit seine Haut die Ihre berühren kann.

Wie bereits erwähnt, muss jedes Kind noch die Phasen der äußeren Schwangerschaft durchlaufen, in denen es sehr viel Aufmerksamkeit benötigt. Zwei Jahre lang müssen sie angemessen gefüttert, gehalten, geliebt und gepflegt werden.

Diese Phase ist eine weitere Möglichkeit, eine Bindung zu Ihrem Kind aufzubauen und ihm Ihre Liebe zu zeigen. Babys haben die Angewohnheit, ihrer Mutter in die Augen zu schauen, wenn sie Aufmerksamkeit bekommen, und das ist einer der Momente, die Sie nutzen sollten. Der Augenkontakt mit Ihrem Kind - liebevoll in die Augen schauen, lächeln und mit ihm spielen - ist eine Möglichkeit, eine Liebesbotschaft in sein Gehirn zu senden.

Am Ende des zweiten Lebensjahres bewegen sich Kleinkinder mehr und nehmen sich selbst und ihre Umgebung bewusster wahr. Sie wollen auch mehr über neue Dinge und Menschen erfahren. Kleine Kinder werden in dieser Zeit immer unabhängiger. Sie sind auch in der Lage, sich selbst auf Bildern oder in einem Spiegel zu erkennen, und sie beginnen, sich wie andere Erwachsene und ältere Kinder zu verhalten. Die Signale und Botschaften, mit denen Sie auf ihr Leben einwirken, werden entscheidend dafür sein, wie gut Ihre Kinder auf ihre Umwelt reagieren.

Tipps für gute Eltern
Weitere Möglichkeiten, mit Ihrem Kind in dieser Phase in Kontakt zu treten:

- Lesen Sie Ihrem Kind jeden Tag vor.

- Lassen Sie es nach Dingen suchen oder Körperteile und Gegenstände benennen. Damit Ihr Kleinkind lernt, Dinge zuzuordnen, spielen Sie mit ihm Spiele wie das Sortieren von Formen und einfache Puzzles.

- Sagen Sie ihm, er soll sich umsehen und neue Dinge ausprobieren.

- Sprechen Sie mit Ihrem Kleinkind und helfen Sie ihm, neue Wörter zu lernen, indem Sie sein Wissen erweitern. Nehmen wir an, Ihr Kind sagt „baba". „Sie können sagen: „Ja, das ist eine Flasche. "

- Lassen Sie Ihr Kind beim Anziehen und Füttern helfen, damit es selbstständiger wird.

- Machen Sie mit Ihrem Kleinkind Ausflüge in den Park oder auf einer Busfahrt, damit es lernt, neugierig zu sein und alltägliche Dinge zu erkennen.

Nächstenliebe, so sagt man, beginnt zu Hause, aber sie beginnt auch im Mutterleib. Sie können zwar nicht für hormonelle Ungleichgewichte verantwortlich gemacht werden, die während der Schwangerschaft auftreten können, aber es liegt allein in Ihrer Verantwortung, dass Ihre Stimmung, Ihr Stress oder Ihr Druck nicht die Verbindung und Zuneigung beeinträchtigen, die Sie mit Ihrem Kind teilen sollten.

Anneliese war unmittelbar nach der Geburt ganz auf sich allein gestellt, ohne dass ihre Mutter sie auch nur wärmend begrüßt hätte. Ihre Mutter liebte sie zwar auf ihre Weise, indem sie sie mit allem Materiellen versorgte, dass man sich nur vorstellen kann, aber sie hatte nie die Gelegenheit, Bestätigung oder tiefe Liebe zu erfahren. Ihre Mutter war in ihrem Gefühlsleben eingeschränkt, was Anneliese auf einen Weg der Verzweiflung führte.

Kapitel 2

Selbstvertrauen aufbauen

Die kleine Anneliese wuchs mit allen materiellen Gütern auf, aber wenig Aufmerksamkeit, wenig Liebe, wenig Zeit. In ihrem eigenen Haus hatten es alle eilig. Die Gäste kamen in diesen Zeiten immer zuerst. So musste sie ihr Zimmer verlassen und in einer kleinen Kammer auf dem Dach schlafen, wenn das Haus überbucht war. Dieser Mangel an Aufmerksamkeit führte zu dem Wunsch, eine ganz normale Familie zu haben, und so ging sie immer nach nebenan in das Haus einer typischen Mittelklassefamilie.

Dort fand Anneliese die Art von Familie, die sie sich wünschte: ein Zuhause, in dem die Kinder wirklich umsorgt wurden, ein Ort, an dem es keine Gäste gab, und ein Ort, an dem die Kinder die Aufmerksamkeit ihrer Mutter genossen.

Anneliese sehnte sich sehr nach einer solchen Familie, aber sie konnte nichts ändern. Ihre Mutter war zu beschäftigt und immer in Eile, um die Gäste zu unterhalten, während sie feine Kleider trug und sich um die Bedürfnisse der verschiedenen Leute kümmerte, ohne das Bedürfnis ihres letzten Kindes nach Zeit und Liebe beachten zu können.

Unzählige Male, wenn Anneliese krank wurde, flüchtete sie in die Nachbarschaft. Manche Menschen kümmern sich wirklich darum, wo es weh tut. Manche wissen, wie wichtig eine liebevolle Berührung ist und wie sie selbst die dunkelste Seele heilen kann. Anneliese verspürte allmählich das Bedürfnis, umsorgt werden zu wollen und Bestätigung zu bekommen. Sie begann, sich selbst zu spüren, aber sie konnte nicht viel tun, weil ihr Selbstwertgefühl am Boden lag.

Überzeugungen und Gefühle in Bezug auf das Selbst spielen eine Schlüsselrolle in der Entwicklung. Von den ersten Monaten an nutzt das Kind das, was es bereits weiß, und das, was es fühlt, selbst auf rudimentäre Weise, um seine Realität aufzubauen und zu seinen eigenen Erfahrungen beizutragen. Überzeugungen und Gefühle über sich selbst sind Teil dieser Bausteine. Während des gesamten Lebens vermittelt das Selbstwertgefühl unsere Wahrnehmungen und Reaktionen. Durch die Arbeit von Psychologen wissen wir auch, in welchem Maße ein geringes Selbstwertgefühl eine Rolle bei der Anfälligkeit für spätere depressive Störungen spielt. Das Selbstwertgefühl nimmt also einen wichtigen Platz in der Psychologie ein, weil es eines der Bindeglieder zwischen früheren Schwierigkeiten und aktuellen Schwierigkeiten in psychosozialen Bereichen darstellt.

Das Selbstwertgefühl beruht auf zwei wesentlichen Grundlagen: Selbstwirksamkeit und das Gefühl, gute Beziehungen zu haben.

Selbstwertgefühl kommt vom Gefühl eine gute Beziehung zu haben

Diese Art des Selbstwertgefühls ist mit dem emotionalen Selbst der Person verbunden. Er sagt aus, wie viel Wert eine Person auf sich selbst legt und wie viel Mühe sie sich gibt.

Um sich wichtig zu fühlen, muss sich ein Kind für die Menschen, die es aufziehen, wichtig fühlen. Alle, die sich mit der frühen Kindheit befasst haben, sind der Meinung, dass diese Fähigkeit nur aus erster Hand erlernt werden kann, durch den Blick des Babys, das Verständnis der anderen Partei und die Reaktion der anderen Partei auf das, was das Baby sagt oder zeigt. Bevor ein Baby sich selbst sieht, sieht es sich zuerst mit den Augen seiner Bezugspersonen. Wie also konnte Anneliese sich selbst in den Augen der Eltern sehen, die keine Zeit hatten, sie richtig auf der Welt willkommen zu heißen?

Durch soziale Interaktionen entwickelt sich das Selbstbewusstsein des Kindes. Insbesondere wird es in den frühen Interaktionen mit den Menschen, die es aufziehen, aufgebaut. Die frühe Entwicklung des Selbst wiederum trägt diesen Interaktionen Rechnung. Wenn ein Kind in Not war, haben die Betreuungsperson oder die Eltern schnell und einfühlsam reagiert, es getröstet und getröstet. Dies vermittelt dem Kind positive Gefühle - dass seine Eltern vertrauenswürdig, verfügbar und in der Lage sind zu helfen. Und dass sie persönlich wertvoll sind. Das Kind hat auch ein Gefühl der Selbstwirksamkeit, weil die Umgebung auf alle seine Signale angemessen und schnell reagiert hat.

Dies bringt uns zu ein paar kurzen Hinweisen, wie Sie Ihre Anhänge sicher halten können. Das winzige menschliche Bindungssystem wird durch Alarm- und Notsignale aktiviert, sei es innerhalb des Körpers oder in der Außenwelt. Wenn das Bindungssystem eingeschaltet wird, sucht es nach einer vertrauten Person. Die Bindungsperson ist so leicht zu erreichen, dass sie das Bindungssystem von selbst ausschalten kann. Das Kind wird dann die Person, an die es gebunden ist, als Quelle der Sicherheit nutzen. Und wenn sein Bindungssystem nicht funktioniert, geht es auf Entdeckungsreise, denn es weiß, dass es zu seiner Bezugsperson zurückkehren kann, die seine Bindungsbedürfnisse stillt.

Wenn eine starke Bindungsbeziehung besteht, macht sich das Kind ein Bild von der Person, die es aufzieht, als vertrauenswürdig, zugänglich und verfügbar. Weil es dieses Modell gesehen hat, macht es sich auch ein Bild von sich selbst als einer Person, die Aufmerksamkeit und Wertschätzung verdient, selbst wenn es verletzlich, ängstlich oder traurig ist.

Andererseits eröffnet die Bindungstheorie einen neuen Blick auf das, was das Kleine zu sich selbst beiträgt. Was wir sind, ist das, was von den Menschen, die uns hochheben, akzeptiert, bestätigt und zu einem Teil von uns gemacht wurde. In den frühen Entwicklungsstadien ist das, was ein Baby „ablehnt", nicht das, was es für gut oder schlecht hält, sondern das, was seiner Meinung nach seine Eltern tun sollten. Weil das Kind so abhängig von ihnen war, hatte es nur eine Wahl: aufgeben oder verleugnen, was zu diesen Reaktionen führte. Wenn man einen sicheren Ort hat, an den man sich wenden kann, baut man sein Selbstwertgefühl in seinen Beziehungen und Gefühlen auf. Die Bindungsseite der Sicherheit, die im Mittelpunkt der Bindungstheorie steht, hilft Ihnen dabei.

Das Gefühl der Selbstwirksamkeit

Es geht darum, wie gut man zurechtkommt und wie gut man neue Fähigkeiten erlernen kann (schulisch, sozial, sportlich, künstlerisch usw.). Inwieweit glaubt das Kind, dass es die richtigen Entscheidungen treffen und effektiv handeln kann? Dies ist ein Teil des Selbstwertgefühls des Kindes. In den ersten fünf Jahren ist es wichtig, die Bedürfnisse des Kindes in Bezug auf seine Bindung zu erfüllen. Aufgrund der Entwicklung der kindlichen Erkundungsfähigkeiten ist die Erfüllung der Erkundungsbedürfnisse für die optimale Entwicklung des Kindes ebenso wichtig wie die Erfüllung der Bindungsbedürfnisse ab dem ersten Lebensjahr und darüber hinaus. Das Bindungssystem förderte die Sicherheit und die Fähigkeiten des Kindes, was auch ein Weg war, das Kind in seiner Entwicklung zu unterstützen. In der Bindungstheorie wird das Selbstwertgefühl, das Gefühl persönlicher Kompetenz, mit der Fähigkeit des Kindes verknüpft, seine Bezugsperson als Quelle der Sicherheit zu nutzen.

Es hängt auch von der Fähigkeit des Kindes ab, seine Emotionen und sein Verhalten offen und reflektiert zu gestalten und sich nicht zu wehren, wenn es auf „interessante" Ereignisse reagieren muss, und dies mit viel Aufmerksamkeit zu tun. Darüber hinaus gewinnt das Kind Vertrauen in das Wissen, dass eine Bezugsperson da sein wird, wenn es Hilfe braucht. Sie achten darauf, wie einfühlsam und unterstützend die Bindungsperson in Stresssituationen ist - und ob gleichzeitig das Bindungs- oder Explorationssystem wach ist. Diese Unterstützung der Bindung, die die Grundlage für Sicherheit ist, weist Merkmale auf, die zeigen, wie empfänglich man für Neues ist.

Die Liebe und die Bestätigung der Eltern geben Kindern die Unterstützung und den Antrieb, den sie brauchen, um an sich selbst zu glauben. Wenn das nicht der Fall ist, fühlen sich ihre Eltern unerwünscht und ungeliebt. Dieses Gefühl spiegelt dann wider, wie das Kind sich selbst sieht und über sich selbst denkt. Es wirkt sich auch auf das Selbstbild des Kindes unter Gleichaltrigen aus. Die Liebe und Aufmerksamkeit, die ein Kind von zu Hause nicht bekommt, kann ihm das Gefühl geben, dass es keine Liebe verdient, was zu Schüchternheit, Scheu, Angst, Einsamkeit und Schaden führt. Wenn ein Kind diese Bindung nicht stärken kann, neigt es dazu, selbstzerstörerisch zu werden. Es hat fast keine Energie mehr, etwas zu tun, weil der Funke (emotionale Liebe) fehlt, der seine Welt entzünden sollte.

Dies war bei Anneliese der Fall, die wegen der zahlreichen Verpflichtungen ihrer Eltern wenig Bindung hatte und so deprimiert und verängstigt wurde, dass sie sich mit Süßigkeiten tröstete.

Diese Sicherheit der Erkundung ist nicht dasselbe wie das Meisterschaftssystem, das für die Entwicklung der Fähigkeiten des Kindes wichtig ist, aber nur auf den Fähigkeiten des Kindes basiert. Es ist für das Kind sicher, Ziele zu verfolgen, die nicht mit der Bindung verbunden sind, in einer sicheren Umgebung, in der es erforschen, Risiken eingehen und wachsen kann. Die Betreuungsperson wird als eine Quelle der Sicherheit angesehen.

In Bindungsinteraktionen erwarten Kinder von einer Bezugsperson Schutz, Trost, Ermutigung und Unterstützung, wenn sie diese brauchen. Dieser Schutz oder diese Unterstützung sind wichtig, weil sie helfen, wieder ins Gleichgewicht zu kommen und in einem größeren sozialen und physischen Umfeld effektiver zu sein. Wir können jetzt sehen, dass dies einer der wichtigsten Aspekte des Selbstwertgefühls einer Person ist, wenn sie aufwächst. Dieser Prozess des Aufbaus eines Selbstwertgefühls beginnt im ersten Jahr, wenn das prozedurale Gedächtnis auf seinem Höhepunkt ist. Dieser Prozess läuft völlig automatisch ab, und man muss nicht einmal darüber nachdenken. Irrationale Ängste können bis ins Erwachsenenalter bestehen bleiben, wenn die Betroffenen in eine Situation geraten, die sie dazu bringt, darüber nachzudenken, wie die Dinge in der Vergangenheit funktioniert haben und wie sie auch in der Gegenwart genutzt werden können. Das kann zeigen, dass man ein Selbstwertgefühl hat, das sich von dem der meisten Menschen stark unterscheidet.

Als Kind wurde Anneliese ängstlich, weil ihre Eltern zu beschäftigt waren, um sich darum zu kümmern, wie sie ihr Leben lebte.

Auf der Seite des elterlichen Fürsorgesystems

Im Rahmen der Bindungstheorie haben wir uns kürzlich mit einem anderen Motivationssystem befasst, der Fürsorge. Es ist eine der Möglichkeiten, wie Eltern zeigen, dass sie sich um ihre Babys kümmern, indem sie ihre Bedürfnisse nach Bindung und Erkundung erfüllen.

Wenn jemand für die Bedürfnisse seines Kindes empfänglich ist, möchte er schnell und angemessen auf die Signale des Kindes reagieren. Die Bindungstheorie nennt dies den „Willen der Betreuungsperson, schnell und angemessen zu reagieren".

Stellen Sie sich vor, Anneliese weint um Aufmerksamkeit, während ihre Mutter beschäftigt ist. Wenn Eltern in der Lage sind, die negativen Gefühle ihres Kindes zu reflektieren, einzudämmen, zu benennen und zu interpretieren, können sie mit ihnen umgehen. Dazu müssen die Eltern ihr Kind als einen eigenen Geist betrachten, was bedeutet, dass die Absichten und mentalen Zustände des Kindes nicht dieselben sind wie ihre eigenen, aber dennoch interpretiert werden können.

Wenn die Eltern gestresst sind oder andere Dinge zu tun haben, muss diese geistige Fähigkeit genauso gut funktionieren, wie wenn sie nicht gestresst sind.

Diese Fähigkeit der reflektierenden Elternschaft ist wesentlich. Die besondere Aufmerksamkeit der Eltern für die negativen Emotionen des Babys gibt dem Baby das Gefühl, dass es wirklich in allen Gefühlsregistern, die es nutzen kann, gehört wird. Wenn ein Baby in Not oder Gefahr ist, spiegeln die Eltern das emotionale Register des Kindes wider (Mimik, Prosodie), betonen und verlangsamen aber den Ausdruck des Kindes, so dass sich das Kind bestätigt und verstanden fühlt, ohne von den Eltern, die es verändern und verformen, überwältigt zu werden. So kann sich das Kind bestätigt und verstanden fühlen, ohne von den Eltern überwältigt zu werden. Wie zu erwarten, basiert diese Reaktion darauf, wie die Signale des Kindes und die Interpretation der Eltern betrachtet werden. Aus diesem Grund ist die Reaktion reflektierend.

Die Dinge, die es den Menschen leichter machen, sich zu erkunden, sind nicht so bekannt, wie sie sein sollten. Wie bereit und in der Lage sind Eltern, ihr Kind bei der sensiblen Erkundung zu unterstützen und ihm realistisches Vertrauen in seine Fähigkeit zu geben, mit neuen Situationen umzugehen.

Zu den weiteren erforderlichen Qualitäten gehört es, das Kind vor echte Herausforderungen zu stellen, es zu unterstützen. Ohne ihm dabei in die Quere zu kommen, bei der Regulierung von Aufregung oder Freude zu helfen und die positiven und negativen Emotionen des Kindes zu ordnen, wenn es bei Alarm-/Explorationskonflikten konzentriert bleiben muss. Schließlich fördern die Eltern die Zusammenarbeit und helfen ihrem Kind zu lernen, wie es Probleme selbständig lösen kann, auch wenn es gestresst ist.

Das Kind muss diese einzigartigen Erfahrungen machen und nicht bestraft werden. Es muss sich beschweren können und ernst genommen werden, traurig sein und von Menschen umgeben sein, die sich um es kümmern. Es muss seine Wut ausdrücken können, ohne zurückgewiesen zu werden, es muss Angst haben und darf diese nicht bagatellisiert bekommen.

Wenn der Erfolg eintritt
Es hilft uns zu verstehen, wie sich Bindung auf unser Selbstwertgefühl auswirkt, wenn wir die folgenden Fragen stellen (die wir uns selbst oder z. B. den Eltern, die wir bekommen, stellen können).

Ja, wir haben ein gutes Selbstwertgefühl. Aber gilt das auch unabhängig davon, was gerade passiert? Gilt es nur, wenn wir gut gearbeitet haben? Es spielt keine Rolle, wie oft wir etwas nicht gut machen. Auch dann, wenn wir es nicht gut gemacht haben. Muss man, um ein gutes Selbstbild zu haben, immer erfolgreich sein? Wenn man etwas gut macht, heißt das dann nicht, dass man bei allem versagt hat? Wenn wir jemanden bitten, etwas für uns zu tun, weil wir es nicht selbst tun können, wie fühlen wir uns dann selbst? Wie verändert sich unser Selbstwertgefühl, wenn wir etwas nicht können, aber denken, dass wir etwas damit zu tun haben? Wie fühlen wir uns selbst, wenn wir nicht wissen, wie wir eine Frage beantworten oder ein Problem lösen sollen? Wie fühlen Sie sich, wenn Sie zugeben, dass Sie sich geirrt haben?

Das Selbstwertgefühl wird je nach Situation unterschiedlich beurteilt. Waren wir gut gelaunt oder befanden wir uns in einer Situation, die als „relevante Bindung" bezeichnet wird, was bedeutet, dass wir schlecht gelaunt, verletzlich und unsicher waren oder nicht wussten, was als Nächstes passieren würde.

Nach der Bindungstheorie können wir unser Selbstwertgefühl auch dann bewahren, wenn die Dinge nicht gut laufen. Negative Emotionen wie Beunruhigung, Kummer und Wut brauchen ein zwischenmenschliches Instrument, um sie besser kontrollieren zu können. Die dyadische Interaktion zwischen dem Baby und der jeweiligen Bezugsperson hilft dabei. Dies ist eines der Dinge, die das Betreuungssystem leistet. Um mit Stress umzugehen, sprechen wir jetzt über das Betreuungsinteraktionssystem als zwischenmenschliches Hilfsmittel. Die Menschen können dieses Instrument nutzen, um ihre Arbeit zu bewältigen und zu kontrollieren, wie ihre Emotionen (Erregung) ihr Leben beeinflussen.

Die Bewältigung negativer Emotionen ist in erster Linie eine Sache, die mit anderen Menschen geschieht, und erst später wird sie zu etwas, das in der Person selbst geschieht, was auch mit ihren Fähigkeiten zusammenhängt. Erwachsene mögen in der Lage sein, ihre negativen Emotionen selbst zu kontrollieren, aber diese Fähigkeit rührt daher, wie wichtige Menschen im Leben der Person zu Beginn ihres Lebens auf sie reagiert haben, es ist also nicht nur eine individuelle Sache. Es ist also nicht nur eine individuelle Sache, sondern immer noch ein Teil der Geschichte der Person. Es gibt immer eine Situation, in der man es nicht alleine schafft und die Hilfe eines anderen braucht. Das bedeutet, dass man jemand anderen finden muss, der einem hilft.

Negative Emotionen, Vertrauen in die Fürsorge und Aufbau von Selbstvertrauen

Negative Emotionen hingegen behalten den gleichen „semiotischen" Wert, das heißt, sie sind ein Signal für die andere Person und sich selbst, wie die anderen Emotionen. Sie bleiben wahr, weil die Bezugsperson mit ihnen einverstanden ist. Sie sind Teil des Lebens des Kindes und werden nicht als gefährlich angesehen, weil sie eine Reaktion hervorgerufen haben, die zu einer Lösung geführt hat. Diejenigen, die sich um das Kind kümmern, sprechen offen über sie. Die negativen Emotionen des Kindes ermöglichen es anderen, mehr über seine Gefühle zu erfahren und zu verstehen, wie es sich fühlt. Sie sind da, um dem Kind zu helfen, und das Kind muss nur seinen Eltern sagen, dass es Angst hat und Hilfe braucht. Auf diese Weise trägt die schnelle und angemessene Reaktion der Betreuungsperson dazu bei, den Stress des Kindes zu regulieren, so dass das Kind seine Betriebsmittel einsetzen kann, um das anstehende Problem zu lösen oder zu bewältigen.

Wenn die Menschen in seiner Umgebung nicht angemessen auf die negativen Emotionen des Babys reagieren, wird es seine Ressourcen nutzen, um Wege zu finden, mit der Situation umzugehen. Negative Emotionen werden dann als „gefährlich" für die psychische Gesundheit des Kindes angesehen. Das Kind, das sich seiner selbst nicht sicher ist, muss sich sowohl mit der Außenwelt als auch mit seinen Eltern auseinandersetzen. Sie zeigen, was das Kind empfindet und wie es sich verändert hat, um mit dem versagenden Umfeld umzugehen. Wenn das Kind nicht das Gefühl hat, dass es für die Menschen, die es aufziehen, wichtig ist, wie soll es dann seine Rechte, seine Würde und seinen Wert kennen lernen?

Ein unsicheres Kind hat das schreckliche Gefühl, dass es nicht sehr gut darin ist, das zu bekommen, was es will. Schlimmer noch, es hat vielleicht das Gefühl, abgelehnt oder zurückgelassen worden zu sein, was sehr schlimm ist. Diese Menschen können dann eine Reihe von negativen Überzeugungen über sich selbst entwickeln: Sie sind nicht gut genug für Liebe oder Respekt. Sie verdienen ihn nicht. Je nachdem, wie ihre Eltern auf ihre Bedürfnisse reagieren, schämen sie sich vielleicht oder es ist ihnen peinlich, sie zu haben. Ein Kind, das sich in seinen Beziehungen nicht sicher fühlt, wird immer denken, dass mit ihm etwas nicht stimmt. Es kann dann dazu kommen, sich selbst zu hassen und seine Unvollkommenheit vor allen verstecken zu wollen.

Menschen haben manchmal Schwierigkeiten, ihre Emotionen zu kontrollieren, weil die Reaktionen der Umwelt nicht gut genug sind. Das Kind in einem instabilen Zustand zu lassen, ist für sein psychologisches Überleben gefährlich, weil die Bindungsperson seine langfristigen Bedürfnisse nach Bindung nicht erfüllt. Oder die Bindungsperson reagiert mit Angst (Bestrafungen oder Drohungen, wenn das Kind in Not ist. Wutausbrüche eines Elternteils, der die Kontrolle verloren hat, wenn das Kind Trost braucht), was für das Kind sehr beängstigend sein kann. Die Kinder haben dann eine desorganisierte Bindung. Eine desorganisierte Bindung ist ein Zeichen extremer Verletzlichkeit, insbesondere in Bezug auf das Selbstwertgefühl und die emotionale Regulierung. Diese Art von Bindung ist häufiger in Familien anzutreffen, in denen die Eltern ihre eigene Verlust- oder Bindungsgeschichte nicht aufgearbeitet haben, oder in Familien, in denen es viele verschiedene Arten von Stress gibt.

Die meisten dieser Kinder finden Wege, um die Aufmerksamkeit ihrer Bezugspersonen zu kontrollieren, einschließlich einer Veränderung der elterlichen Rolle. Klinisch wird dies mit dem Begriff „Parentifizierung" beschrieben. Als Kind kann das Phänomen der Umkehrung der elterlichen Funktion eine verzerrte Art und Weise sein, sich selbst zu sehen. Ein Modell des Selbst über eine andere Person in einer belastenden Situation ist in diesen Gruppen sehr „schmerzhaft". Für die Eltern ist es nicht leicht, die legitimen Bedürfnisse ihres Kindes nach Trost oder Aufmerksamkeit zu befriedigen, weil sie schmerzhafte persönliche Geschichten haben und in einer stressigen Welt leben. Auf diese Weise können sie ihnen das Gefühl geben, das Kind sei egoistisch, zu anspruchsvoll oder eine Bedrohung für ihre Sicherheit, wie es schien, als Anneliese ihre Angst und ihr geringes Selbstwertgefühl in Süßigkeiten ertränkte, die ihre Zähne beschädigten.

Kognitiv unreife Kinder können nur glauben, was sie sagen. Sie fangen an zu glauben, dass sie nicht um etwas bitten sollten oder dass sie um etwas bitten sollten - dass sie nicht an sich selbst denken dürfen. Der natürliche Egoismus des Überlebens erweist sich als ein wenig seltsam, aber er ist lebenswichtig und gesund.

Sobald das Kind aufhört, das zu tun, was es will, werden die Eltern es noch mehr loben. Schließlich wird das Kind akzeptiert, gesehen und anerkannt, aber zu einem hohen Preis. Wenn ein Kind die Aufmerksamkeit einer anderen Person erhält, verletzt es seine eigenen Bedürfnisse. Ihr Selbstwertgefühl ist wichtiger als die Bedürfnisse Ihrer Eltern, also sollten Sie diese über Ihre eigenen stellen. Eine langfristige Lösung wie diese wird nicht funktionieren. Irgendwann werden die Bedürfnisse unweigerlich wachsen. Und es kommt noch schlimmer: Das Verhalten des Kindes könnte die Eltern noch wütender machen, was dazu führen könnte, dass das Kind sich selbst noch mehr hasst. Andere sehen das authentische Selbst als beschämend und unwürdig an. Trostbedürfnisse erscheinen egoistisch, und deshalb ist es so beschämend und inakzeptabel, sie wieder zu haben.

Andererseits kann das betreute Kind diese Bezugsperson nie vollständig trösten, weil es sich für hilflos und unfähig hält. „Zwanghafte Betreuer" sind Erwachsene, die ihr Selbstwertgefühl nur aufrechterhalten, indem sie sich um andere Menschen kümmern und sie retten. Jedes Mal, wenn sie die andere Person nicht „reparieren", fühlen sie sich wieder hilflos und unfähig. Diese Menschen können zu Erwachsenen werden, denen es schwer fällt zu akzeptieren, dass sich eine andere Person um sie kümmert, ohne etwas zurückzugeben, oder zu Erwachsenen, die denken, dass sich Aufmerksamkeit für sie nicht lohnt, wenn sie die andere Person nicht „reparieren" oder „heilen".

Bindungsunsicherheit ist einer der Gründe, warum Menschen sich schämen, wenn sie aufwachsen. In der psychoanalytischen Theorie ist es üblich, dass Scham eine komplexe Emotion ist, die aus dem Inneren des Körpers kommt und mit inneren Konflikten zwischen Idealen und der Realität verbunden ist. Scham steht im Zusammenhang mit einem geringen Selbstwertgefühl, das durch unsichere Gefühle in Bezug auf die Bindung zwischen einem Kind und den Menschen, die das Kind großgezogen haben, verursacht wird. Dies wird als „Bindungstheorie" bezeichnet. „Für Eltern kann es eine Herausforderung sein, auf die legitimen negativen Gefühle eines Kindes zu reagieren, ohne dabei zu distanziert oder aufdringlich zu sein. Diese Ablehnung kann global oder spezifisch für bestimmte Teile des Kindes sein, die den Eltern nicht gefallen, oder eine subtile Kombination aus beidem. Das Kind wird geschätzt, weil es ruhig, kontrolliert und beständig stark ist und nicht um Hilfe bittet. Ist der Elternteil besorgt oder kalt, wenn das Kind zeigt, dass es etwas braucht? Das Risiko besteht darin, dass das Kind sich nicht mit den Gefühlen auseinandersetzt, die zu diesen Einstellungen, Verhaltensweisen oder Symptomen geführt haben, und dass es sich deshalb schämen muss. Auf diese Weise kann Scham als eine emotionale Reaktion auf eine negative Emotion betrachtet werden, die nicht richtig verarbeitet wurde.

Wie bereits erwähnt, sind die ersten beiden Lebensjahre eine unglaubliche Zeit des körperlichen und geistigen Wachstums und der Veränderung. Säuglinge experimentieren ständig mit ihrer Umgebung und lernen von ihr. Säuglinge übernehmen soziale und emotionale Aufgaben sowie körperliche, geistige und sprachliche Aufgaben. Die Umwelterfahrungen, die Babys während ihres Wachstums und ihrer Entwicklung machen, haben einen entscheidenden Einfluss auf ihre emotionale und soziale Entwicklung. Eine frühe Studie ließ Fachleute zu dem Schluss kommen, dass Emotionen durch menschliche Interaktion erlernt werden, doch spätere Forschungen legen nahe, dass einige Gefühle angeboren und instinktiv sind. Im Folgenden erfahren Sie, wie Babys lernen, ihre Gefühle und Emotionen auszudrücken und die Empfindungen anderer zu verstehen.

Babys können von Geburt an durch ihre Mimik und Körperhaltung Interesse, Unbehagen, Abscheu und Freude ausdrücken. Im Alter von zwei bis drei Monaten zeigen Säuglinge ein spontanes „soziales Lächeln", und im Alter von vier Monaten beginnen sie spontan zu lachen. Zwischen zwei und sechs Monaten zeigen Säuglinge auch andere Emotionen wie Wut, Traurigkeit, Überraschung und Angst. Im Alter von fünf bis sechs Monaten beginnen Babys, Angst vor Fremden zu haben. Sie mögen es nicht, von anderen gehalten zu werden oder mit ihnen zu spielen, und neigen dazu, ihren Unmut offen zu äußern. Zuvor haben sie gelächelt und sich von jedem halten lassen. Doch Babys lernen in dieser Zeit nicht nur, ihre Gefühle auszudrücken, sondern auch, die Gefühle anderer zu erkennen. Etwa im Alter von vier Monaten können Neugeborene verschiedene Gefühlsausdrücke bei anderen erkennen. Mit etwa sechs Monaten beginnen Babys, die Gefühle und Ausdrücke, die sie bei anderen wahrnehmen, zu imitieren.

Säuglinge, die noch nicht in der Lage sind, zwischen Menschen zu unterscheiden, halten ihre Bezugspersonen von Geburt an für austauschbar. Mit der Verbesserung ihrer Wahrnehmungs- und Verarbeitungsfähigkeiten im Laufe des ersten Lebensjahres beginnen Säuglinge jedoch, eine enge Verbindung oder Beziehung zu ihren Eltern aufzubauen. Je stärker die Bindung zu den Eltern wird, desto empfindlicher reagiert das Kind auf deren Abwesenheit. Wenn Babys von ihren primären Bezugspersonen getrennt sind, beginnen sie im Alter von acht bis zehn Monaten unter Trennungsangst zu leiden. Der Schweregrad dieser Angst ist von Mensch zu Mensch unterschiedlich und hängt vom Temperament und der Umgebung des Neugeborenen ab. Manche Babys reagieren auf die Abwesenheit ihrer Bezugsperson mit unaufhörlichem Weinen und Schreien, während andere mit Wimmern und geringer Unruhe reagieren. Gegen neun Monate beginnen Babys, die Stirn zu runzeln, um ihre Unzufriedenheit oder Traurigkeit auszudrücken. Zu diesem Zeitpunkt beginnt sich auch das Temperament des Kindes, d. h. seine Persönlichkeitsmerkmale, herauszubilden.

Mit neun Monaten haben Babys gelernt, ein breites Spektrum an Emotionen auszudrücken. Das zeigt sich zwischen neun und zehn Monaten, wenn Babys sehr emotional werden. Sie wechseln schnell von extremer Freude zu extremem Unglücklich sein, Irritation und Wut. Im Alter von etwa elf Monaten lernen Babys rudimentäre Mechanismen zur Steuerung ihrer Emotionen, was ihre emotionale Unfähigkeit ausgleicht.

Das Wissen von Babys über die Gefühle anderer Menschen entwickelt sich zur gleichen Zeit. Etwa im Alter von zwölf Monaten nehmen Babys die Mimik anderer Menschen und deren Gefühlszustände, insbesondere Unbehagen, wahr. Sie beginnen zu erkennen, dass Gesichtsausdrücke mit inneren Gefühlen korrespondieren. Es ist erwähnenswert, dass manche Babys gegen Ende des ersten Lebensjahres beginnen, Eifersucht zu zeigen.

Mit dem Ende des zweiten Lebensjahres machen Kleinkinder weitere Fortschritte in ihrer emotionalen Entwicklung. Die Trennungsangst kann im Alter von dreizehn bis achtzehn Monaten abnehmen, wenn sich die Objektpermanenz entwickelt und sie begreifen, dass ihre Eltern nicht weg sind, auch wenn sie sie nicht sehen können. Wenn die Eltern nicht da sind, können Babys vorübergehend Dinge wie Kuscheltiere oder Decken benutzen, um sich zu beruhigen und zu trösten. Kleinkinder machen häufig zwischen dem fünfzehnten und achtzehnten Lebensmonat eine weitere emotionale Phase durch. In dieser Zeit können sie besorgt und leicht erregbar sein und ihre Gefühle durch Wutausbrüche zum Ausdruck bringen. In dieser Phase können Kleinkinder Anzeichen von Selbstbewusstsein zeigen, wenn sie bestimmte Aufgaben erledigen oder neue Situationen ausprobieren, da sie die Akzeptanz ihrer Bezugspersonen suchen. Um den 21. Monat herum sind Kleinkinder in der Regel aus den „Schrecklichen Zwanzig" herausgewachsen und werden weniger ängstlich und friedlicher.

Im Alter von zwei Jahren können Kleinkinder ein breites Spektrum an Emotionen ausdrücken und ihre Fähigkeit, diese zu regulieren und zu bewältigen, verbessern. In diesem Alter können Kleinkinder sogar Gefühle vortäuschen, um das zu bekommen, was sie wollen. Sie wissen, dass sie Aufmerksamkeit erregen, wenn sie hinfallen und verletzt aussehen (auch wenn sie es nicht sind). Sie fühlen sich jedoch unruhig, wenn ihr Gefühl der Kontrolle oder ihr typisches Verhaltensmuster gestört wird. Echtes Einfühlungsvermögen zeigt sich um ihren zweiten Geburtstag. Sie entwickeln die Fähigkeit, zu erkennen, wenn sie jemanden versehentlich verletzt haben, und sich zu entschuldigen.

Ihr Kleinkind hat im ersten Jahr gelernt, dass es von Ihnen getrennt ist. Im zweiten Jahr der emotionalen Entwicklung rückt dieses Gefühl für sich selbst und andere in den Mittelpunkt. Das emotionale Erleben Ihres Babys wird komplizierter und intensiver sein, weil es sich seiner selbst bewusst wird. Machen Sie sich auf eine wilde Fahrt gefasst!

Die Monate 19-24 sind sehr emotional. Frustration und Stolz werden zur gleichen Zeit deutlicher. Wutausbrüche können sich zu aggressiven Handlungen wie Schlagen oder Beißen entwickeln, weil Ihr Kind damit überfordert ist. Ihr Baby lernt zu tanzen und eine nuancierte Mimik zu entwickeln, seine Freudenbekundungen werden lebhafter, und es drückt seine Zuneigung auf neue, tiefgründige Weise aus.

Der Beginn des Selbstbewusstseins und des Bewusstseins für andere legt auch den Grundstein für Empathie, die für das emotionale Wohlbefinden unerlässlich ist. Auch wenn sich die Freundlichkeit in den nächsten Jahren weiter entwickeln wird, beginnen jetzt die ersten Schritte, um zu spüren, was eine andere Person fühlt, und sich dafür zu interessieren.

Wie Sie die emotionale Entwicklung Ihres Babys unterstützen können

Forscher haben gezeigt, dass die Beziehung zu Ihrem Kind in den ersten Lebensjahren den größten Einfluss auf seine gesamte Entwicklung hat. Dies gilt vor allem für das Erkennen, Verstehen und Verarbeiten von Gefühlen. Die wichtigste Strategie zur Förderung der emotionalen Entwicklung ist die Konzentration auf eine gesunde Bindung.

Da die emotionale und soziale Entwicklung eng miteinander verwoben sind, ist es wichtig, dass Sie sich so viel wie möglich mit Ihrem Kind beschäftigen.

Es ist eine enorme Aufgabe, Ihrem Baby zu helfen, zu lernen, mit seinen Gefühlen umzugehen. Hier sind einige hilfreiche Tipps, wie Sie Ihrem Kind beibringen können, mit seinen starken Emotionen umzugehen.

Selbstbewusste Neugeborene sind frei zu erforschen und zu lernen, weil sie wissen, dass eine geliebte Person immer für sie da sein wird. Sie werden auf sie warten, wenn sie wegkrabbeln, um etwas zu untersuchen, und Sie werden eine sichere „Heimatbasis" sein, falls sie Sie brauchen. Wenn Ihr Baby Ihre Freude sieht, wenn es etwas entdeckt, z. B. einen Ball, der hinter den Stuhl gerollt ist, wird es noch eifriger auf Entdeckungstour gehen.

Ein selbstbewusstes Auftreten erleichtert dem Baby auch den späteren Übergang in Gruppensituationen wie Kinderbetreuung und Schule. Auch wenn Sie nicht zusammen sind, tragen sie das Gefühl der Sicherheit, das Sie ihnen vermittelt haben, mit sich.

Vermitteln Sie Ihren Kindern ein Gefühl von Sicherheit und Geborgenheit

Wenn Sie auf die Schreie und andere Mitteilungen Ihres Babys reagieren - z. B. indem Sie es hochheben, wenn es getröstet werden möchte, oder ihm das Spielzeug aus dem Regal wegnehmen, auf das es zeigt - und ihm viel Liebe und Aufmerksamkeit schenken, hilft das Ihrem Kind, sich sicher und geborgen zu fühlen. Diese liebevolle Verbindung zwischen Ihnen und Ihrem Baby ermöglicht es ihm, sich sicher genug zu fühlen, um sich (langsam) von Ihnen zu entfernen. Es hat gelernt, dass es sich darauf verlassen kann, dass Sie immer für es da sind, und dieses Vertrauen vermittelt ihm das nötige Selbstvertrauen.

1.st Baby, Parents, Year 54-71
Childhood/Teenage years

Anneliese with 14

Anneliese with random friend

Anneliese with random girlfriend

Anneliese in boarding school class 12

Anneliese in catholic Boarding school

Anneliese with Siblings and mom Kopie

Anneliese with random schoolfriend

Kapitel 3

Kann die Kraft des Geldes wahre Liebe ersetzen?

Anneliese wurde mit schöner Kleidung und Spielsachen verwöhnt. Sie bekam Geschenke über Geschenke, aber als sie auf die Stapel schöner Kleider auf ihrem Bett starrte, taten sie nichts, um den wütenden Sturm selbstzerstörerischer Gedanken zu lindern, der in ihr tobte. Anneliese verstand nicht, was sie da fühlte, aber tief in ihrem Inneren konnte sie mit schönen Kleidern weder ihre Mitschüler dazu bringen, sie zu mögen, noch ihre Wunden überdecken. Und so trug sie weiterhin diese schönen Kleider und schönen Röcke, um ihre Schüchternheit zu überdecken, aber ihre Noten litten darunter.

Leider reichten die schönen Kleider, das große Haus, die Süßigkeiten und die unzähligen materiellen Dinge nicht aus, um ihr Mut zu machen oder sich selbst als liebenswerten Menschen zu sehen. Deshalb verlor sie das Interesse an allem anderen, auch an der Schule. Keiner kümmerte sich um ihre Hausaufgaben. Auch ihre Mutter kümmerte sich um ihre wichtigen Gäste und es blieb so einfach keine Zeit sich um sich um die emotionalen Probleme ihrer kleinen Tochter zu kümmern.

Eines der besten Dinge, die ein Mensch im Leben haben kann, ist die Liebe. Sie ist eine wesentliche Voraussetzung für Glück. Vielen Eltern ist die Liebe wichtig, aber nicht allen. Manche Eltern sind mehr daran interessiert, Geld zu verdienen, als eine gute Beziehung zu ihren Kindern zu haben. Sie scheinen Geld über ihr Liebesleben zu stellen.

Als Eltern ist das Wichtigste, was man seinen Kindern geben kann, Akzeptanz, Stabilität und vor allem Liebe. Außerdem ist Liebe nicht nur ein Substantiv. Sie ist auch ein Verb! Es kann manchmal schwer sein, seinem Kind *zu zeigen,* wie sehr man es liebt.

Es gibt Möglichkeiten, Ihrem Kind auf kleine Weise zu zeigen, wie sehr Sie es lieben, und dieses Gefühl, von einem Elternteil geliebt zu werden, kann ihm in jeder Hinsicht helfen.

Es ist wichtig zu wissen, dass die Liebe nicht auf Geld basiert. Betrachten wir die Sache einmal praktisch: Denken Sie an Ihre Kindheit zurück und überlegen Sie, woran Sie sich in Ihrem Leben am meisten erinnern. Sie erinnern sich wahrscheinlich daran, dass Sie mit Ihren Eltern Spaß hatten. Sie wissen wahrscheinlich kaum noch, was sie zum Geburtstag bekommen haben, als sie zehn Jahre alt waren, aber Sie erinnern sich an die glücklichen Erinnerungen, die Sie mit ihnen geteilt haben. Ja, das mag normal sein, aber Kinder ziehen ihre Eltern den Geschenken vor.

Überlegen Sie nun anhand dieser Lebenslektion, was Sie Ihren Kindern beibringen wollen und welche Erinnerungen Sie ihnen mitgeben wollen. «

Um zu entscheiden, was wichtiger ist - Geschenke oder Liebe -, sollten wir die Liebessprachen betrachten. Die Liebessprachen sind die Art und Weise, wie ein Mensch zeigt, wie er sich geliebt fühlt. Diese Handlungen oder Untätigkeiten lassen sie Liebe empfinden, denn wir wollen nicht alle auf die gleiche Weise geliebt werden.

Die fünf Arten der Liebe sind wie folgt:
- Körperliche Berührung
- Worte der Bekräftigung
- Zeit für Qualität
- Geschenke machen
- Handlungen des Dienstes

Obwohl Sie vielleicht schon von den Liebessprachen gehört haben, haben Sie sie in Ihrer Beziehung zu Ihrem Kind vielleicht nicht angewandt. Eltern denken oft, dass ihre Kinder wissen, wie sehr sie geliebt werden, aber das stimmt nicht immer. Es ist wichtig, „Ich liebe dich" auf eine Weise zu sagen, die Kinder verstehen können. Wenn man die Worte oft sagt, ist das nicht genug.

Liebe sollte bedingungslos sein, aber sie wird oft nur bedingt gezeigt (wenn die Kinder brav sind). Bedingungslose Liebe kann Menschen helfen, Ressentiments, Schuldgefühle, Angst, Wut, geringes Selbstwertgefühl und Unsicherheit zu vermeiden - einfach dadurch, dass sie freundlich zu ihnen sind. Kinder müssen verstehen, dass sie geliebt werden. Wenn das nicht der Fall ist, suchen sie vielleicht nach Anerkennung durch jemand anderen.

Dies sind Dinge, die Sie jeden Tag tun können:

Wenn Sie Ihr Kind umarmen, küssen oder kuscheln, geben Sie ihm körperliche Berührung. Sie können es auch in die Luft werfen und es sanft an den Beinen, Armen, am Kopf oder an den Schultern berühren. Sie können ihm auch ein „High Five" geben oder Kontaktsportarten spielen.

Wenn Kinder älter werden, berühren die Eltern sie vielleicht nur noch, wenn es nötig ist, z. B. wenn sie Hilfe bei der Kleidung oder den Haaren brauchen. Wenn ein Kind krank, verletzt, müde oder traurig ist, möchte es mehr Aufmerksamkeit von seinen Eltern. Teenager, insbesondere Jungen, wollen nicht berührt werden. („Bitte bring mich nicht in Verlegenheit.")

Auf der anderen Seite kann ein negativer Touch schlecht sein.

Es gibt viele Möglichkeiten, ein Kind zu loben und es zu ermutigen, was es tut. Es gibt eine direkte Verbindung, weil das Kind für sein Verhalten verantwortlich ist.

Seien Sie ehrlich, wenn Sie jemanden loben. Zu viel Lob ist nicht hilfreich, weil es den Anschein erwecken kann, dass Sie nicht aufrichtig sind. Außerdem kann dies dazu führen, dass Menschen Lob erwarten und nervös werden, wenn es ausbleibt. Die Art und Weise, wie Sie Lob aussprechen und wie laut oder leise Ihre Stimme ist, macht einen großen Unterschied. Wenn die Eltern keine Ratschläge erteilen, werden sie woanders nachfragen. Das kann die Schule, das Fernsehen, Gleichaltrige oder andere Erwachsene sein.

Auch wenn es offensichtlich erscheinen mag: Negative Worte tun weh, und Wut ist der schlimmste Feind, wenn es darum geht, Menschen zu ermutigen, glücklich zu sein.

Am besten ist es, „Ich liebe dich" als solches zu sagen, ohne Worte wie „aber ..." oder „Willst du ..." hinzuzufügen.

Verbringen Sie Zeit mit Ihrem Kind auf eine gute Art und Weise. Viele Kinder scheinen das zu wollen, vor allem jede Zeit, die sie mit einer Person verbringen können. Diese Liebessprache ist nicht kompliziert zu verstehen. In diesem Fall kann es darum gehen, irgendwohin zu gehen oder einfach nur zu Hause herumzusitzen. Denken Sie an die Zeiten, in denen Sie über Ihre Gedanken und Gefühle sprechen und gute, interessante Gespräche führen. Bei den Mahlzeiten, beim Spazierengehen oder vor dem Schlafengehen - all das können gute Gelegenheiten sein, um sie Ihrem Kind beizubringen.

Auch das Verschenken ist wichtig. Kinder lieben Geschenke, aber der Gedanke dahinter ist noch wichtiger. „Du hast an mich gedacht und es bekommen, weil ich wichtig bin." Geschenke in anderen Sprachen zu machen, muss gleichzeitig geschehen. Es ist kein Gehaltsscheck oder eine Bestechung, und es sollte nicht als Ersatz für die aufgewendete Zeit dienen. Wie beim Lob verliert auch das Schenken von zu vielen Geschenken seinen Wert. Dass Geschenke wichtig sind, erkennt man daran, dass die Kinder sich freuen, wenn sie ein Geschenk bekommen, oder daran, wie es überreicht wird, oder daran, dass sie es vorzeigen.

Als Elternteil muss man viele Dinge für andere Menschen tun. Es gibt immer Aufgaben, Besorgungen und Dinge, die auf Ihrer To-Do-Liste stehen. Der Begriff „Dienst am Nächsten" bedeutet, dass man über sich hinauswächst, um sicherzustellen, dass die Bedürfnisse der Kinder erfüllt werden. Bieten Sie Ihre Hilfe an, bevor sie darum bitten, oder vermeiden Sie es zumindest, „gleich" zu sagen, wenn sie darum bitten. Fördern Sie ein Hobby, kontrollieren Sie die Hausaufgaben Ihres Kindes, veranstalten Sie Events für die Kinder zu Hause oder tun Sie etwas, um die Krankheit erträglicher zu machen.

Um herauszufinden, was die Hauptsprache einer Person ist, schreiben Sie Folgendes auf:

- Achten Sie darauf, wie sie Ihnen ihre Liebe zeigen.
- Achten Sie darauf, wie sie anderen Menschen Liebe entgegenbringen.
- Achten Sie vor allem auf das, was sie sagen.
- Finden Sie heraus, worüber sie sich am meisten aufregen.
- Lassen Sie sie zwischen zwei Optionen wählen.

Um jemandem zu zeigen, dass Sie ihn lieben, versuchen Sie, alle fünf Möglichkeiten zu nutzen, aber Sie sollten zuerst seine Hauptsprache (oder die ersten zwei oder drei) herausfinden. Wenn die betreffende Person unter fünf Jahre alt ist, versuchen Sie, alle fünf Sprachen gleichzeitig zu sprechen.

Als Elternteil sollte die Liebe oder das Geld das Wichtigste in Ihrem Leben sein. Sie müssen in der Lage sein, die Dinge in Ihrem Leben zu ordnen. Überlegen Sie, ob das, was Sie tun, Sie an Ihr Ziel bringt. Liebe oder Geld? Nehmen Sie sich einen Moment Zeit, um darüber nachzudenken, was Ihnen wichtiger ist. Wenn Sie Ihre Gedanken zusammenfassen, können Sie sich besser auf Ihre Lebensziele konzentrieren.

Warum ist Geld notwendig?

Wenn Sie über Geld nachdenken, wissen Sie, warum Geld in dieser Welt so wichtig ist. Ein bestimmter Geldbetrag muss verdient werden, um voranzukommen und für Ihr Kind zu sorgen. Die Bedürfnisse von Kindern sind enorm, und es erfordert eine Menge finanzieller Verantwortung, um ihre Bedürfnisse zu befriedigen, aber wie gesagt, auch wenn Kinder materielle Dinge lieben, bevorzugen sie die Anwesenheit ihrer Eltern, wenn sie die Wahl haben.

Geld zu haben, um Dinge zu kaufen, macht die Kinder glücklich und gibt Ihnen das Gefühl, dass sich Ihre harte Arbeit als Elternteil gelohnt hat. Das bedeutet jedoch nicht, dass Geld wichtiger ist als Liebe.

Der Wert der Liebe

Liebe ist etwas, ohne das man nicht leben kann. Die meisten Menschen haben Menschen, die ihnen viel bedeuten. Vielleicht haben Sie Freunde oder Familie, die Sie lieben, obwohl Sie alleinstehend sind. Das Beste daran, Menschen zu haben, die einen lieben, ist, dass man dadurch die wahren Freuden des Lebens erleben kann. Es lohnt sich, nach jemandem zu suchen, mit dem man eine romantische Liebesbeziehung teilen kann.

Wenn Sie einen Liebhaber finden, können Sie Ihr Leben mit jemandem teilen, der Ihnen sehr nahe steht. Das macht einen großen Unterschied, wenn es darum geht, wie glücklich Sie sind. Jemanden zu haben, mit dem man sein Glück teilen kann, macht die Dinge so viel besser. Außerdem ist es schön, jemanden zu haben, auf den man sich verlassen kann, wenn es schwierig wird. Das macht es leichter, turbulente Zeiten zu überstehen. Die Entscheidung, Eltern zu werden, bedeutet, dass man sich bereit erklärt, alles für sein Kind zu tun, was man kann, einschließlich Liebe und Fürsorge.

Der Schlüssel zum Erfolg lautet: Gleichgewicht finden
Wenn Sie ein Gleichgewicht in Ihrem Leben finden, sind Sie auf dem besten Weg, wirklich glücklich zu sein. Sie können Ihren Job nicht über das Leben Ihrer Kinder stellen, was größtenteils richtig ist, aber Sie müssen daran denken, genug Geld zu verdienen, um gut zu leben. Trotzdem ist es ungesund, wenn das Streben nach Geld auf Kosten des eigenen Glücks geht.

Das Beste, was Sie tun können, ist, Ihre beruflichen Ziele mit Ihren Beziehungszielen in Einklang zu bringen. Sie werden all das genießen, was die Liebe für Sie tun kann, und Sie werden stolz auf Ihre Arbeit sein. Wenn Sie über die richtige Menge Geld verfügen, können Sie auch eine Familie gründen. Wenn Sie Kinder haben und Ihr ideales Leben mit Ihrem Partner führen wollen, müssen Sie für Ihre Familie sorgen.

Versuchen Sie, wenn möglich, einen Job zu finden, bei dem Sie die Dinge tun können, die Ihnen Spaß machen. Ihre Kinder, Ihr Partner und andere wichtige Menschen in Ihrem Leben brauchen alle Zeit. Ständig zu arbeiten ist nicht angebracht. Ein ausgeglicheneres Leben wird Ihnen helfen, Ihre Zeit hier auf der Erde in vollen Zügen zu genießen.

Arbeit und Geld sollten Sie glücklicher machen, wenn Sie genügend Zeit mit Ihrer Familie und Ihren Freunden verbringen. Ein Programm für sich selbst zu erstellen, kann

Ihnen auf lange Sicht ebenfalls helfen. Die Regeln, die Sie für sich selbst aufstellen, könnten darin bestehen, dass Sie nach dem Abendessen keine beruflichen E-Mails mehr beantworten oder Ihr Telefon abrufen, wenn Sie mit Ihren Kindern zusammen sind. Aber bedenken Sie, dass Sie als Mutter nur ein Leben mit vielen Dimensionen haben, und die Arbeit passt nicht in eine saubere 50/50-Aufteilung. Deshalb könnte es unübersichtlich werden. Denken Sie jedoch daran, dass sich niemand an die verpassten Geschäftstreffen erinnern wird, aber Ihre Kinder werden sich an die wertvollen Momente erinnern, in denen Sie da waren oder nicht da waren. Auf lange Sicht wird die Arbeit aufhören, die Gäste werden kommen und gehen, aber Ihre Kinder werden immer da sein.

Geld kann einen nicht aufmuntern, wenn man niedergeschlagen ist. Ohne jemanden, mit dem man sein Leben teilt, ist es vielleicht nicht so gut, so wie es Anneliese nicht besser ging, obwohl sie viele schöne Kleider hatte.

Der Mensch ist von Natur aus sozial und möchte von seinen Lieben umgeben sein. Ist es nicht normal, geliebt werden zu wollen? Die Liebe, die man sich wünscht, bekommt man aber nicht allein dadurch, dass man viel Geld verdient. Ein finanziell erfolgreicher Mensch ist ein guter Mensch, und es ist auch wichtig, dass man versucht, finanziell abgesichert zu sein. Man muss nur unterscheiden, wie wichtig Geld ist und wie wichtig die Liebe ist.

Sie sollten die Liebe dem Geld vorziehen, wenn es sein muss. Letzten Endes hängt alles von dir ab. Du musst im Leben darüber nachdenken, was dir wichtig ist. Wenn Geldverdienen das ist, was dich im Leben am meisten begeistert, dann kannst du dich entscheiden.

Denken Sie daran, dass man Liebe nicht kaufen kann. Sie ist viel wichtiger als das. Menschen können nicht weggeworfen werden, und sie werden nicht ewig auf diesem Planeten sein. Wenn jemand stirbt, der dir wichtig ist, willst du nicht darüber nachdenken, was du hättest besser machen können. Versuchen Sie, die Dinge objektiv zu betrachten, und Sie werden die richtigen Schlüsse aus den Geschehnissen ziehen.

Wir können alle verstehen, warum Kleinkinder um ihren zweiten Geburtstag herum Angst haben, abgelehnt zu werden, und akzeptiert werden wollen. Obwohl wir wissen, dass Kleinkinder selbstbewusste Emotionen haben, befindet sich ihr „beobachtbares Selbst" zu diesem Zeitpunkt noch im Wachstum, und sie können noch nicht darüber sprechen oder verstehen, was vor sich geht. Auch wenn sie es noch nicht wissen, erkennen sie, dass sie im Mittelpunkt der Aufmerksamkeit eines anderen stehen können.

Das Wichtigste, was Eltern und Betreuer tun können, ist zu wissen, wann ihre Kinder diese komplizierten Gefühle entwickeln, und ihre Gefühle zu erkennen und zu akzeptieren, wenn sie Anzeichen von Demütigung, Reue oder Eifersucht zeigen. Darüber hinaus müssen sie ihnen vermitteln, dass sie wichtig sind, und einen sicheren Ort schaffen, an dem ihr Kind sich selbst sein kann, ohne Angst haben zu müssen, beurteilt zu werden.

Es ist wichtig, sich daran zu erinnern, dass es nichts Schlechtes ist, wenn man sich selbst unsicher fühlt. Es zeigt, dass junge Menschen sich immer mehr Gedanken darüber machen, wie sie gesehen werden, was zu einer größeren emotionalen Intelligenz, einem höheren Selbstwertgefühl und guten sozialen Fähigkeiten führt, wenn sie positiv gefördert werden.

Man sagt, dass „die Liebe viele verschiedene Gesichter hat". „Das ist richtig. Liebe zeigt sich nicht nur durch Worte, Zärtlichkeiten oder Freundschaft. Sie zeigt sich auch darin, dass man etwas aufgibt, dafür sorgt, dass die Familie in Sicherheit ist, und ihr eine faire Chance im Leben gibt. Ein bisschen von allem ist wichtig, damit die Botschaft der Liebe bei den Menschen ankommt, die man liebt.

Anneliese ist nie mit ihren Eltern verreist. Es wäre anders gewesen, wenn sie es sich nicht hätten leisten können, aber sie konnten es. Weitere Fahrten dienten nur einem Zweck: etwas zu besorgen. Anneliese sehnte sich nach Liebe und gemeinsamer Zeit, aber sie bekam nichts außer materiellen Geschenken.

Kapitel 4

Alter 8-10

Wer bin ich? Die Entdeckung des Selbst

Kinder sind ehrlich und fragen in der Regel nach, wenn ihnen etwas nicht klar ist. Das führt manchmal zu peinlichen Situationen. Das Kind entwickelt allmählich ein Verständnis dafür, was „normal" ist und was in der Öffentlichkeit von ihm erwartet wird. Mit dieser Entwicklung stellt das Kind langsam introspektive Fragen. „Wer bin ich? Wo gehöre ich hin? „

Wie erste Ideen über das „selbst" entstehen

In den ersten Wochen der Vertrautheit mit Ihrem Kind und des gegenseitigen Kennenlernens fühlt sich Ihr Kind zunächst ganz bei Ihnen.

Aber gleichzeitig erleben sie in der täglichen Interaktion und im Austausch mit Ihnen, dass ihr Verhalten einen Unterschied machen kann: Wenn sie hungrig sind und schreien, stillst du ihren Hunger. Wenn es sich um sein Spielzeug kümmert, gibst du es ihm. Wenn es Sie anlächelt, lächeln Sie zurück und geben ihm die gewünschte Wärme.

Ihre „Antworten" sind wie ein Spiegel für Ihr Kind, in dem es sein Verhalten reflektiert sieht. Dadurch kann es sein eigenes Wesen immer besser verstehen. *Im Alter von etwa zwei oder drei Monaten beginnt* Ihr Kind, *seinen Körper als etwas* Eigenes, *von Ihnen Getrenntes zu erleben - etwas, das es hören, sehen und fühlen kann.* Von da an *entwickelt es allmählich eine Vorstellung davon,* wer es wirklich ist.

Wenn der eigene Wille erwacht

Im Laufe der nächsten Monate wird das körperliche Selbstwertgefühl Ihres Kindes immer stärker ausgeprägt sein. Es sieht sich zunehmend als eigenständige Person, die etwas bewirken und aus eigenem Antrieb handeln kann.

Zu Beginn des zweiten Lebensjahres entwickelt Ihr Kind einen eigenen Willen und erfährt die ersten Grenzen. So darf es *zum Beispiel die Küchenschublade nicht ausräumen, obwohl sie viele spannende* Inhalte hat. *Das kann zu den ersten Tränen der Enttäuschung führen. Hier sind Ihre Gelassenheit und Ihr Verständnis gefragt, damit Ihr Kind lernen kann, mit solchen Gefühlen umzugehen.*

Das Kind entdeckt, wer es ist

Gegen Ende des zweiten Lebensjahres erkennt sich Ihr Kind zum ersten Mal selbst im Spiegel. Hat es bis dahin eher einen Spielpartner in seinem Spiegelbild vermutet, weiß es jetzt: Das bin ich! Bis Ihr Kind aber auch „Ich" sagt, dauert es meist noch einige Monate.

Für Ihr Kind ist die Entdeckung, wer es ist, eine überwältigende Erfahrung:

- *Sie lernen jetzt, dass sie etwas wollen und zwischen verschiedenen Möglichkeiten wählen können.*

- *Sie wissen jetzt, dass sie selbst etwas tun können. Natürlich würden sie es gerne ausprobieren, auch wenn es nicht immer von alleine klappt.*

So großartig die neuen Erfahrungen Ihres Kindes auch sind, die Gefühle, denen es ausgesetzt ist, lassen sich manchmal nicht allein bewältigen und können auch gemischt und intensiv sein. Dies kann zu verschiedenen widersprüchlichen Situationen führen, die für Ihr Kind - oder für Sie als Elternteil - nicht immer einfach sind:

- *Ihr Kind braucht Ihr Lob und Ihre Ermutigung, um* diese neuen Erfahrungen *zu machen.*

- *Genauso notwendig ist es aber auch, Routinen und klare Strukturen einzuhalten, Grenzen zu setzen und Regeln aufzustellen.*

- *Grenzen und Regeln bedeuten Einschränkungen und bieten Ihrem Kind - je älter es wird - Halt und Orientierung. Es sucht von Natur aus nach Grenzen und braucht dafür ein klares Ja und ein freundliches, aber verbindliches Nein.*

Das Selbst: Kinder entdecken ihre Identität

Kinder entwickeln schon früh ein Bewusstsein für sich selbst und ein gewisses Selbstbewusstsein. In bestimmten Situationen zeigen bereits Zweijährige, dass sie sich schämen oder schuldig fühlen. Beide Empfindungen müssen dazu führen, dass sich das Kind bewusst wird, dass es bewertet wird.

Das Bewusstsein für sich selbst und das Selbstbewusstsein entwickeln sich nach und nach. Zunächst merken die Kinder, dass ihr Handeln einen Unterschied macht. Wenn sie schreien, kommt die Mutter. Später beginnen Mädchen und Jungen, sich auf spannende Dinge zu konzentrieren.

Schließlich wissen sie genau über sich selbst Bescheid, so dass sie sich konkrete Gedanken über sie machen können:

- *Welche Wirkung haben meine Worte?*
- *Wie wirke ich auf Fremde?*
- *Wie nehmen mich die anderen Kinder wahr?*

Diese Fragen helfen den Kindern, über sich selbst und ihre Persönlichkeit nachzudenken. Oft zeigt sich schon in der Kita, ob die Mädchen und Jungen dazu neigen, sich zu unterschätzen oder zu überschätzen. Während die einen selbstbewusst auftreten und an sich glauben, beginnen andere an sich zu zweifeln. Diese Gefühle entstehen vor allem im Kontakt mit anderen Kindern.

Die Mädchen und Jungen sind noch in einem Alter, in dem sie sich vieler Gedanken und Handlungen nicht bewusst sind. Erzieherinnen und Erzieher können mit den Kindern über sich selbst sprechen und ihnen verschiedene Facetten erklären. Generell sollten die Erwachsenen darauf hinwirken, die Persönlichkeit der Kinder zu stärken. Sie kommen nicht nur gerne jeden Tag in die Einrichtung. Sie gehen dann zum Beispiel auch gerne in die Schule und fühlen sich wohl in ihrer Haut.

Was steckt hinter Selbstbild, Selbstvertrauen und Selbstwertgefühl?

Die Art und Weise, wie eine Person über sich selbst denkt, umfasst alle Dinge, die sie einzigartig machen, wie ihr Alter oder ihre Größe. Da kleine Kinder sich diese Informationen nicht sofort merken können, können sie es auch nicht sofort tun. Auch wenn sich das Kind nicht um diese Informationen gekümmert hat, weiß es jetzt über sich selbst Bescheid und kann sich selbst beschreiben.

Andererseits sind auch Gefühle und Bedürfnisse Teil des Selbstbildes eines Menschen. Nicht nur das, was man getan hat, prägt das Bild, das man von sich hat. Was habe ich bereits getan? Wie haben mich meine Erfahrungen geprägt, und wie helfen sie mir zu sehen, wer ich bin? Auf den ersten Blick scheint es ein Wort zu sein, das keinen Sinn ergibt, aber es beschreibt sehr gut, wer man ist und wie man alles in seinem Leben betrachtet. Deshalb kann es für Kinder schwierig sein, über ihre Gefühle zu sprechen, und es fällt ihnen schwer, ihr Selbstbild in Worte zu fassen.

Die Mädchen und Jungen haben jedoch bereits Selbstvertrauen, das heißt, sie wissen, wer sie sind. Sie fangen an, sich auf eine bestimmte Art und Weise zu behandeln, weil sie wissen, dass sie anders sind als andere. Mädchen und Jungen haben ein hohes Selbstwertgefühl, weil sie über sich selbst denken.

Ihr Aussehen und ihre Beziehungen zu anderen Menschen zeigen, wie sie über sich selbst denken und wie sie sich selbst einschätzen.

Es ist die Aufgabe der Eltern, diese Einstellung positiv zu gestalten. Vergleiche mit anderen Kindern und negative Erfahrungen können das Selbstwertgefühl des Kindes mindern. Eltern können die Kinder in Gesprächen und durch Übungen auf ihre Stärken aufmerksam machen. Gleichzeitig sollte das Kind aber auch lernen, für sich selbst einen angemessenen Bewertungsmaßstab zu finden. Vergleiche mit anderen führen oft zu einer Abwertung der eigenen Person. Betreuungspersonen können Kinder ermutigen, sich selbst und ihre Eigenschaften als vielversprechend und erstrebenswert wahrzunehmen.

Entwicklung und Stärkung des Selbstbewusstseins

Das Selbstwertgefühl von Kindern wird dadurch geprägt, wie ihre Eltern und andere Bezugspersonen sie behandeln. Die Art und Weise, wie sie miteinander umgehen, beeinflusst, wie selbstbewusst sie werden. Erzieherinnen und Erzieher werden auch als Bezugspersonen betrachtet, was bedeutet, dass sie einen großen Einfluss auf die Entwicklung ihrer Gruppen haben.

Die Stärkung des Selbstwertgefühls eines Kindes ist eine Herausforderung für Eltern. Jedes Kind hat seine eigenen individuellen Bedürfnisse, auf die die Betreuungspersonen eingehen müssen.

Das war etwas, was Annelieses Mutter bis zu ihrem Tod nie verstehen konnte. Sie behandelte ihre Kinder alle auf die gleiche Weise. Jedes Kind musste Aufgaben übernehmen und sich nützlich machen. Nie sah sie die Sehnsucht in den Augen ihres jüngsten Kindes. Sie hat nicht erkannt, dass die Entwicklung eines gesunden Selbstwertgefühls auch von der Einstellung der Eltern abhängt. Das Verhältnis zwischen der Einstellung der Eltern und den entsprechenden Interaktionen mit den Kindern kann diese positiv beeinflussen. Außerdem können geschulte Pädagogen ihre Beziehungen zu den Kindern so gestalten, dass diese ihre Fähigkeiten verbessern und an ihre Fähigkeiten glauben.

Vor diesem Hintergrund ist es wichtig, die folgende Dynamik im Auge zu behalten:

- *Anerkennung von Erfolgen:* Wenn ein Kind eine Aufgabe erhält und sie erledigt, sollten Sie ihm Ihre Anerkennung dafür zeigen. Das Kind erhält eine positive Rückmeldung und fühlt sich gestärkt.

- *Förderung von Fertigkeiten:* Wenn Sie feststellen, dass das Kind besondere Freude an einer bestimmten Tätigkeit hat (z. B. Malen oder Bauen), können Sie diese Fähigkeiten fördern. Zeigen Sie Ihre Bewunderung, eventuell mit Tipps und Tricks, die den Kindern weiterhelfen.

- *Gutes Benehmen loben:* Wenn sich das Kind gut benimmt, können Sie ihm zeigen, wie sehr Sie es schätzen. Das Lob stärkt die Kinder und hilft ihnen, ein positives Selbstbild zu bewahren.

Identität im Kindergarten: Wer bin ich? Wo gehöre ich hin?
Menschen durchlaufen in ihrem Leben verschiedene Phasen, in denen sich auch ihr Selbstbild und ihr Selbstvertrauen verändern. Zum Beispiel entstehen vor allem in der Pubertät oft Selbstzweifel. Diese entstehen bei Heranwachsenden unter anderem durch deutliche Veränderungen des Körpers. Kinder entwickeln allmählich ein Bild von sich selbst. Dadurch verändern sich auch die kognitiven Prozesse und Funktionen des Gehirns.

Im Erwachsenenalter scheinen die Menschen ihre Identität gefunden zu haben. Dennoch können einige Persönlichkeitsmerkmale und Störungen zu erheblichen

Zweifeln und Ängsten vor der Identität führen. Es ist daher unmöglich, von einer „abgeschlossenen" Identitätsentwicklung zu sprechen.

Der Einfluss, den die Eltern zu Beginn ihres Lebens auf die Kinder ausüben, wirkt sich langfristig auf deren Entwicklung aus. Während Persönlichkeitsstörungen und -krankheiten meist erst viel später erkannt werden, wird die Persönlichkeit von Mädchen und Jungen schon in jungen Jahren sichtbar. Gehen Sie mit Ihren Kindern auf Entdeckungsreise. Finden Sie gemeinsam mit dem Kind heraus, was seine Identität ausmacht, und helfen Sie ihm dabei, die folgenden Fragen zu stellen:

- Was ist es, das mich ausmacht?
- Worin bin ich gut?
- Warum mögen mich andere?

Sie sollten die Fragen für die Kinder so einfach wie möglich halten. Während Erwachsene sich tiefgründigere Fragen stellen können, wissen Kinder wenig mit diesen Gedanken anzufangen. Das Kind kann jedoch in der Regel sagen, was ihm wichtig ist, was es erreichen möchte und was es gut kann. In einem Gruppengespräch können die Bedeutung der Identität und die Eigenschaften eines Individuums genauer beschrieben werden.

Identitätsentwicklung und die Herausbildung des Ichs
Die Identität eines Kindes setzt sich aus seiner Persönlichkeit, aber auch aus seinen Erfahrungen und seinem Umfeld zusammen. Aus diesem Grund spielen frühkindliche Erfahrungen eine wesentliche Rolle für das Heranwachsen. Zwar sind genetische Veranlagungen für Persönlichkeitsstörungen

mitverantwortlich, aber auch Erfahrungen beeinflussen ihre Entwicklung. Dementsprechend müssen Erkrankungen bei Jugendlichen nicht unbedingt mit Erfahrungen aus der Jugendzeit zusammenhängen. Auch Ereignisse aus der Kindheit können sie verursachen.

Die Identitätsentwicklung bei Kindern ist komplex. Eltern können den Kindern helfen, sich selbst besser zu verstehen und zu lernen, sich selbst zu beschreiben. Die Identität eines Kindes umfasst verschiedene Aspekte.

Dazu gehören u. a.:
- Position unter Geschwistern
- Sozioökonomischer Status der Eltern
- Präferenzen
- Beziehung zu Mutter und Vater sowie zu anderen Betreuungspersonen

Die Beziehung und die Rolle zwischen Geschwistern kann die Entwicklung des Selbstbewusstseins eines Kindes erheblich beeinflussen. Ein Einzelkind hat zum Beispiel andere Möglichkeiten als ein sogenanntes „Sandwich-Kind". „Während das Einzelkind sich gegenüber anderen Geschwistern nicht vor den Eltern behaupten muss, steht das „Sandwich-Kind" vor der Herausforderung, sich sowohl gegenüber einem jüngeren als auch gegenüber einem älteren Geschwisterkind zu behaupten.

Dies führt einerseits zu Persönlichkeitsmerkmalen. In der Regel erleben die Kinder diese Situationen mehr oder weniger positiv - je nach ihrer Persönlichkeit. Schüchterne Kinder gehen eher neben selbstbewussten Freunden unter ... *was sich im Fall von Anneliese bewahrheitete. Ihr Selbstwertgefühl war aufgrund eines stressigen Familienlebens gering, und sie wusste nicht, wie sie neben ihren selbstbewussten Mitschülern glänzen sollte. Sie waren einfach zu viel für sie, und da sie mit ihnen nicht zurechtkam, ließ sie sie in Ruhe und war noch isolierter.*

In jedem Fall müssen die pädagogischen Fachkräfte ein Kind im Kontext seiner Familie und seines sozialen Systems betrachten.

- Wie sieht das Zuhause des Kindes aus?
- Hat das Kind Geschwister?
- Wie steht es um Ihre Beziehungen zu Ihrer Familie und Ihren Freunden?

Hätte sich Annelieses Lehrerin die Mühe gemacht, zu erkennen, was das kleine Mädchen fühlte, hätte sie vielleicht die Ursache für ihre Unnahbarkeit erkennen und entsprechend damit umgehen können. Annelieses schlechte Noten waren auch ein gutes Zeichen dafür, dass irgendwo etwas nicht stimmte, und hier liegt die Herausforderung für Pädagogen.

Auf diese Weise erkennen die Erzieher die Identität der Kinder und können ihnen helfen, sich selbst besser kennen zu lernen.

Akzeptanz und Toleranz

Eltern können auf unterschiedliche Weise die Akzeptanz und das Selbstwertgefühl von Mädchen und Jungen fördern. Mit scheinbar einfachen Gesten ist es möglich, einem Kind mehr Selbstvertrauen zu geben:

- Dankeschön sagen
- Eine Runde von Komplimenten
- Farbschema der Konstruktion
- Rollen- und Bewegungsspiele
- Sensorische Wahrnehmungen

Es gibt viele Möglichkeiten, das Selbstvertrauen von Kindern zu stärken. Je nach den Eigenschaften der Kinder sollten Sie geeignete Übungen auswählen. Im Zusammenhang mit der Entwicklung ihres Selbstbewusstseins können Spiele besonders hilfreich sein.

Im Alter von neun bis zehn Jahren kommen die Kinder in die Pubertät, und die Beziehungen zu Gleichaltrigen werden für ihre soziale und emotionale Entwicklung immer wichtiger. Sie gewinnen an Selbstvertrauen in ihre Fähigkeit, Herausforderungen zu lösen und möglicherweise Risiken einzugehen, da sie immer unabhängiger werden. Sie beginnen auch, Anzeichen von Selbstbewusstsein zu zeigen und können über sich selbst lachen.

Viele der folgenden Eigenschaften sind bei Kindern in diesem Alter zu beobachten:

- Viel mit Freunden reden
- Spaß an Gruppenaktivitäten und Spielen, die alle etwas gemeinsam haben (so lernen sie, mit dem Druck anderer umzugehen)
- Zeigen, dass sie unabhängiger werden
- Problemlösungs-, Verhandlungs- und Kompromissfähigkeiten in der Zusammenarbeit mit Gleichaltrigen anwenden

- Sie beginnen zu lernen, wie man guten Sportsgeist zeigt und mit Klasse gewinnt und verliert.
- Interesse an langfristigen Projekten entwickeln
- Sich bewusst sein, was andere Leute über sie denken
- Denken Sie bei Bedarf an Clubs und Gruppen
- Kompetenz in Wettbewerbsspielen und Mannschaftssportarten zeigen
- Kann subtile Emotionen zeigen und Momente der Wut oder Frustration haben
- Kann sehr empfindlich und übertrieben sein
- Kann schnelle Stimmungsschwankungen erleben
- Kann vor anderen schüchtern sein

Was können die Eltern tun?

- Ermutigen Sie Ihr Kind, sich einer Schul- oder Gemeindegruppe anzuschließen, z. B. einer Sportmannschaft, oder sich ehrenamtlich zu engagieren, denn diese Aktivitäten und Empfehlungen können ihm in dieser Phase seiner sozialen und emotionalen Entwicklung helfen.

- Sprechen Sie mit Ihrem Kind über den Gruppendruck und alle Bedenken, die es in Bezug auf das Verhalten seiner Freunde hat.

- Unterstützen Sie Ihr Kind dabei, sich selbst erreichbare Ziele zu setzen, die ihm helfen, Stolz und Selbstständigkeit bei der Erledigung von Hausarbeiten und Schulaufgaben zu entwickeln.

- Sprechen Sie mit Ihrem Kind darüber, wie es andere respektiert und wie es anderen helfen kann, damit es Einfühlungsvermögen und Verständnis entwickelt.

- Ermutigen Sie Ihre Kinder und Jugendlichen, die Auswirkungen ihrer Handlungen zu bedenken, bevor sie handeln.

- Machen Sie Ihrem Kind immer wieder Komplimente für sein gutes Verhalten und erkennen Sie seine Leistungen an.

- Sprechen Sie mit Ihrem Kind darüber, was es tun soll, wenn jemand unhöflich oder unfreundlich zu ihm ist.

- Seien Sie liebevoll und ehrlich zu Ihrem Kind, und nehmen Sie an Familienaktivitäten teil.

- Fördern Sie die Neugier Ihres Kindes auf die Welt, indem Sie es an Aktivitäten wie dem Bauen von Dingen, einem Zoobesuch oder dem Anlegen eines Gartens teilnehmen lassen.

- Unterstützen Sie Ihr Kind dabei, ein Gefühl für richtig und falsch zu entwickeln. Warnen Sie es vor gefährlichen Dingen, zu denen seine Freunde es verleiten könnten.

- Lernen Sie die Familien der Mitschülerinnen und Mitschüler Ihres Kindes kennen.

- Besprechen Sie mit Ihrem Kind die typischen körperlichen und emotionalen Veränderungen der Pubertät.

- Achten Sie darauf, wie Ihr Kind auf Veränderungen reagiert, die es oder Gleichaltrige durchmachen.

Im Alter von acht bis zehn Jahren steigt das Bedürfnis der Kinder nach Unabhängigkeit bei ihren Entscheidungen und kognitiven

Prozessen, da sich ihr Gehirn entwickelt. Kinder in diesem Alter können genaue Anweisungen befolgen, Schritt-für-Schritt-Pläne zur Durchführung komplexer Operationen erstellen und beginnen, Logik und Vernunft bei der Problemlösung einzusetzen, während ihre Aufmerksamkeitsspanne wächst.

Typisch für Kinder:

- Entwickeln Sie in diesem Alter die Fähigkeit zu kritischem und abstraktem Denken.

- Erstellen Sie ihre Spiele mit komplizierten Regeln.

- Sie verbessern ihre Lese-, Schreib- und mündlichen Kommunikationsfähigkeiten.

- Sie beginnen zu schreiben, zu spielen, zu erfinden und zu gestalten, um ihre kreativen Fähigkeiten zum Ausdruck zu bringen.

- Bauen Sie ihre Sichtweise auf, indem Sie viele Fragen stellen.

- Beginnen Sie mit dem Sammeln von Gegenständen und entwickeln Sie Interesse an Projekten.

- Ein Gefühl für Recht und Unrecht entwickeln, indem man sich um Fairness kümmert.

- Steigerung ihrer Wettbewerbsfähigkeit.

- Sie beginnen, Wortspiele und Rätsel zu verstehen.

- Entwickeln Sie ein Interesse daran, wie Dinge funktionieren und hergestellt werden.

Was können die Eltern tun?

Versuchen Sie, über die Elterngespräche hinaus regelmäßig mit dem Lehrer zu kommunizieren, um zu erfahren, wie es Ihrem Kind geht. Überprüfen Sie, ob Ihr Kind Bücher liest, die für seine Schulstufe geeignet sind. Ist es in der Lage, deutlich zu schreiben und zu sprechen? Fordern Sie ein Beispiel für die Arbeit Ihres Kindes an und stellen Sie Fragen, wie sie verbessert werden könnte. Wenn Ihr Kind weitere Unterstützung benötigt, geben Sie ihm diese (oder bitten Sie darum).

Eltern sollten die akademischen Fortschritte ihrer Kinder überwachen, einen ruhigen Lernbereich für ihre Kinder einrichten und jeden Tag Zeit einplanen, um sich auf das Lesen, Schreiben und Rechnen zu konzentrieren. Machen Sie das Lesen zum Vergnügen zu einem regelmäßigen Bestandteil des Tages Ihres Kindes.

Dazu sollten Sie Folgendes beachten:
Für eine gesunde und kräftige Gehirnentwicklung brauchen Kinder viel Spielzeit. Ein bis zwei Stunden pro Tag sollten für Fernsehen, Videospiele und Computer reserviert werden. Dies führt zu mehr aktivem Spiel.

Schülerinnen und Schüler der dritten Klasse beginnen, aufmerksam zu lesen, um Hauptthemen und unterstützende Informationen in Geschichten zu erkennen. Sie lesen auch Romane und Gedichte laut vor, ohne innezuhalten, um die Bedeutung jedes Wortes zu entschlüsseln. Sie führen kurze Forschungsprojekte durch, um Informationen über zahlreiche Lernbereiche zu erhalten.

Die Schüler der vierten Klasse verfügen über die Ausdauer und die Fähigkeit, schwierige Belletristik, Sachbücher und andere Werke zu lesen. Sie machen erhebliche Fortschritte in ihrer Fähigkeit, den Inhalt eines Buches klar und gründlich zu beschreiben. Sie schreiben effektive Zusammenfassungen, Buchberichte und Beschreibungen von Figuren und Ereignissen mit korrekter Syntax und Zeichensetzung.

Viertklässler lösen Wortprobleme, einschließlich Messaufgaben, mit Hilfe der Ganzzahlarithmetik. Um dieses Thema in der fünften und sechsten Klasse zu verstehen, erwerben sie Kenntnisse und Fähigkeiten im Umgang mit Brüchen.

Fünftklässlerinnen und Fünftklässler lesen verschiedene hochwertige, zunehmend anspruchsvollere Belletristik und Sachbücher, die sie breit und intensiv lesen. Sie setzen sich an den Computer und beginnen zu schreiben, fassen wichtige Details aus Geschichten zusammen und fügen Wissen zusammen.

Die Fünftklässler multiplizieren und dividieren Brüche in einfachen Situationen und multiplizieren und dividieren Beträge schnell und genau. Um Fragen zu beantworten und Probleme zu lösen, nutzen sie zunächst Informationen aus gedruckten und digitalen Quellen.

Gesunder Geist, gesunder Körper
Kinder brauchen täglich die richtige Ernährung, damit sich ihr Gehirn richtig entwickeln kann. Sie sollten viel Obst und Gemüse verzehren und den Verzehr von fettreichen Lebensmitteln, Süßigkeiten und Salz minimieren.

Auch wenn Kinder in diesem Alter immer häufiger in organisierten Sportvereinen aktiv sind, sind Bewegung im Freien und Zeit auf dem Spielplatz für ihr körperliches Wohlbefinden und ihre Entwicklung unvergleichlich wichtig. Eine Begrenzung der Bildschirmzeit (sowohl vor dem Fernseher als auch im Internet) fördert ein aktiveres Spielen. Mit der richtigen Unterstützung können in dieser Altersspanne wichtige lebenslange Bewegungsgewohnheiten geschaffen werden.

Kinder machen in diesem Alter die folgenden Veränderungen durch:

- Verbesserte Koordination und Reaktionszeit durch körperliche Aktivitäten
- Sie nähern sich der Pubertät oder erreichen sie.
- Verfeinerung der Fähigkeiten im Gruppenspiel und in Mannschaftssportarten wie Werfen, Fangen und Schießen
- Entwicklung von handwerklichen Fähigkeiten und Interesse an Tätigkeiten wie Kochen und Schreinern

Was können die Eltern tun?

Es ist nie zu früh, um Ihr Kind auf den Weg zu einer guten Gesundheit zu bringen. Die folgenden Aktivitäten und Anregungen können die körperliche Entwicklung und gesunde Fitnessgewohnheiten von Kindern in diesem Alter fördern.

- Lassen Sie Ihr Kind nicht in seinem Zimmer fernsehen und beschränken Sie die Zeit, die es vor dem Fernseher, dem Computer und den Videospielen verbringt, auf ein bis zwei Stunden pro Tag. So bleibt mehr Zeit für aktives Spielen.

- Ermutigen Sie Ihr Kind, sich jeden Tag mindestens eine Stunde lang auf spielerische und altersgemäße Weise zu bewegen.

- Achten Sie darauf, dass Ihr Kind dreimal pro Woche drei verschiedene Formen der körperlichen Betätigung ausübt: aerobe Aktivitäten wie Joggen, Muskelstärkung wie Klettern und Knochenstärkung wie Seilspringen.

- Beschränken Sie fettreiche Lebensmittel, Zuckerzusätze und Salz, und essen Sie viel Obst und Gemüse.

- Bereiten Sie mageres oder fettarmes Fleisch, Huhn, Truthahn und Fisch für das Familienessen vor. Grünes oder orangefarbenes Gemüse wie Brokkoli oder Spinat, Karotten oder Süßkartoffeln. Vollkornbrot und fettarme Milch oder Käse.

- Achten Sie darauf, dass Ihr Kind beim Fahrradfahren immer einen ordnungsgemäß sitzenden, sicheren Helm trägt.

Denken Sie daran, dass Kinder in diesem Alter sehr aktiv sind und häufige Pausen von ihren Hausarbeiten brauchen, um sich mit energiegeladenen und unterhaltsamen Aktivitäten zu beschäftigen. Heranwachsende müssen zwar die nötige Selbstdisziplin aufbringen, um Hausaufgaben und häusliche Aufgaben zu erledigen, aber es ist auch wichtig, ihnen die Möglichkeit zu geben, sich zu bewegen, nach draußen zu gehen und zu spielen. Auch wenn sich die Kinder der Pubertät nähern, sollten Sie nicht vergessen, dass Spielen in vielen Bereichen der Entwicklung von entscheidender Bedeutung ist.

Die Förderung der sozialen und emotionalen Entwicklung Ihres Kindes während der gesamten Kindheit und Jugend trägt dazu bei, den Grundstein für eine lebenslange gute psychische Gesundheit zu legen.

Wenn die sozialen, emotionalen und verhaltensbezogenen Bedürfnisse von Kindern regelmäßig befriedigt werden, ist es wahrscheinlicher, dass sie in der Schule erfolgreich sind und positive Verhaltensentscheidungen für die Zukunft treffen. Wenn Eltern sich Sorgen um die psychische Gesundheit ihres Kindes machen, sollten sie so schnell wie möglich einen Facharzt für Verhaltensmedizin aufsuchen, um die Situation zu klären und zu verhindern, dass sich ein größeres Problem entwickelt. Ein kluger erster Schritt ist es, mit dem Kinderarzt Ihres Kindes über Ihre Sorgen zu sprechen.

Was ist psychische Gesundheit und wie wirkt sie sich auf ein Kind aus?

Die psychische Gesundheit ist einer der wichtigsten Aspekte für das Lernen und die allgemeine Gesundheit eines Kindes. Sie umfasst die folgenden Aspekte: wie sie denken, fühlen, handeln, mit anderen interagieren, kommunizieren und lernen und auf die Herausforderungen des Lebens reagieren.

Mit dem Gehirn kann ebenso wie mit Herz, Lunge und anderen Organen etwas schief gehen, was sich auf den emotionalen und geistigen Zustand des Kindes auswirkt. Eltern können das körperliche Wohlbefinden und die soziale, emotionale und verhaltensmäßige Entwicklung ihrer Kinder - also die geistige Gesundheit - fördern, indem sie Schwierigkeiten frühzeitig erkennen und darauf reagieren.

Schutzfaktoren können von den Eltern erlernt und genutzt werden

Zeit mit einem Kind zu verbringen und es wissen zu lassen, dass es geliebt wird, dass es einen Sinn im Leben hat und dass es Menschen hat, auf die es zählen kann, wenn schlimme

Dinge passieren, ist eines der wichtigsten Dinge, die Eltern tun können. Dies wird als Aufbau von Resilienz bezeichnet.

- Sichere, unterstützende und förderliche Lernumgebungen
- Hohes Selbstwertgefühl
- Gute Problemlösungs- und Kommunikationsfähigkeiten
- Gefühl der Kontrolle über ihr eigenes Leben
- Einheitliche häusliche/familiäre Struktur und Routine

Wie man Gefühle und Bedürfnisse auf eine prosoziale Art und Weise kommuniziert

Für die soziale, emotionale und verhaltensmäßige Entwicklung eines Kindes sind die ersten Jahre von entscheidender Bedeutung. Die Fähigkeit eines Kindes, Emotionen zu erleben, auszudrücken und zu kontrollieren, intime und sichere Beziehungen aufzubauen, die Umwelt zu erkunden und zu lernen, wird als geistige Gesundheit von Säuglingen und Kleinkindern bezeichnet.

Die psychische Gesundheit von Kleinkindern kann sich auf ihr Verhalten zu Hause, in der Schule und in der Gemeinschaft auswirken. Psychische Probleme sind bei Kindern unter sechs Jahren erstaunlich weit verbreitet. Untersuchungen zeigen, dass bis zu 10 Prozent aller Kleinkinder erhebliche emotionale und verhaltensbezogene Probleme haben.

Eine positive, liebevolle Beziehung zu einer primären Betreuungsperson kann die soziale und emotionale Entwicklung eines Kindes fördern, indem sie die Folgen unangenehmer oder schädlicher Erfahrungen abmildert.

Nach dem Tod von Annelieses Mutter verwöhnten ihre Geschwister und ihr Vater sie mit feiner Kleidung, um den Schmerz und die Verwirrung zu überspielen, die der Verlust ihrer Mutter in so jungen Jahren verursacht hatte. Es war zwar eine Maske, aber nichts konnte ihre Noten besser machen, denn die Wunde war tiefer und auch jedes materielle Pflaster half nicht. Annelieses ältere Schwester übernahm die Rolle der Mutter.

Kapitel 5

Teenagerjahre. Falsche Aufmerksamkeit

Als Anneliese 10 wurde und auch die Schule zu schwänzen begann und niemand Zeit für das junge Mädchen hatte, gelang es der Schwester sie für ein katholisches Internat in den österreichischen Bergen zu begeistern.

In den Augen ihrer Schwester war dies eine Hilfe, aber sie erkannte nicht, dass sie Annelieses Probleme in psychischer Hinsicht nur noch verschlimmert hatte. Sicher, die schlechten Noten waren das Ergebnis mangelnder Aufmerksamkeit im Unterricht, aber sie waren das Ergebnis emotionaler Defizite. Anneliese war ein Kind, das unter einem Mangel an emotionaler Liebe und Zuneigung litt. Dem man wenig emotionale Liebe entgegenbrachte, das man selten ermutigte, dass man nicht anfeuerte und dem man kaum beistand, wenn es Hilfe brauchte. Zu allem Überfluss verlor Anneliese die einzige Mutter, die sie hatte, als sie kaum acht Jahre alt war, und nun hatte sie nur noch ihre Schwester, weil ihr Vater unter der Woche als Waldaufseher beschäftigt und überdies häufig auf der Jagd war.

Die Situation war komplexer, als ihre Schwester es sich vorstellen konnte, aber wer konnte es ihr verdenken? Auch sie hielt nach dem Tod ihrer Mutter kaum noch durch. Auch Annelieses Schwester brauchte Liebe und Aufmerksamkeit, die ihr der Vater nicht in dem Maß geben konnte. Der Schock, ihre Mutter zu verlieren und für ihre Schwester als Mutter einspringen zu müssen, waren zwei Schläge, die sie schwer trafen.

Aber war es die richtige Entscheidung, Anneliese auf das Internat zu schicken? Aus psychischer Hinsicht sicher nicht. Anneliese nahm dies dann als konkreten Beweis dafür, dass niemand sie wollte - nicht einmal ihre Schwester. Der Kampf gegen die Einsamkeit und das geringe Selbstwertgefühl ist ein anstrengender Kampf, der sich von jedem kleinen Auslöser um einen herum ernährt. Anneliese fühlte sich bereits ungeliebt – weniger wert als ihre Mitschüler. Dann, als sie immer noch mit diesem Gefühl kämpfte, ereignete sich der Tod und stürzte sie in unendliche Trauer. Ihr Verstand war noch zu jung, um zu verarbeiten oder zu verstehen, was geschah, als sie in ein Internat geschickt wurde. Sie beschloss, dass ihr Gefühl, nicht geliebt zu werden, wahr war, und da sie der weltlichen Liebe nicht würdig war, wollte sie Nonne werden. In der Hingabe zum christlichen Glauben fand sie dann vorübergehend einen Ort der Ruhe und des Angekommen seins. Ihre schulischen Leistungen wurden immer besser und waren dann auch ausgezeichnet.

Die kleine Anneliese war jetzt vierzehn Jahre alt und eine wahre Schönheit. Sie ging durch die Straßen auf dem Land, gekleidet wie auf einer Pariser Bühne, und die Männer fühlten sich von ihr angezogen. Anneliese verdrehte die Köpfe und wurde von den Männern strahlend angelächelt.

Wow! Endlich Aufmerksamkeit. Darauf hatte sie ihr ganzes Leben lang gewartet. Sie hatte gerade die Macht der Konzentration entdeckt. Sie hatte sich immer gewünscht, beachtet und gesehen zu werden. Jetzt hatte sie, was sie wollte, und es fühlte sich unwirklich an.

Das war Annelieses Moment, und sie war bereit, ihn in vollen Zügen zu genießen.

Danach meldete sie sich in einem noblen Internat in Innsbruck an. Diese Schule war die Kaderschmiede für die Elite der österreichischen Hotellerie. Am Tag der Aufnahme kam Anneliese mit den größten Koffern in Innsbruck an. Anders als die frühere Anneliese trug sie den Kopf hoch erhoben, die Schultern aufgerichtet, und ein strahlendes Lächeln breitete sich auf ihrem jungen und schönen Gesicht aus.

Obwohl die Aufmerksamkeit, die Anneliese erhielt, von der falschen Seite kam, schloss sie mit guten Noten ab, und alle ihre Lehrer waren von ihr verzaubert. Sie war die Schönheit ihrer Klasse in einer kleinen Stadt, sah aus wie ein Top-Model und zog alle Blicke an.

Eine häufige Befürchtung von Eltern und Teenagern ist, dass ihre Kinder bestimmte Verhaltensweisen zeigen, um „Aufmerksamkeit zu erregen". „Sie können sich auf die Art und Weise beziehen, wie sich ihre Teenager kleiden oder verhalten, auf die Gesellschaft, die sie pflegen, auf den Grad der Emotionen, die sie zeigen, oder sogar auf Verhaltensweisen, die sie leider selbst miterlebt haben, wie z. B. Schneiden, schlechte Essgewohnheiten oder Selbstmorddrohungen.

Wenn Sie sehen, dass Ihr Kind solche Verhaltensweisen an den Tag legt, vor allem wenn sie schädlich sind, ist es verständlich, dass Sie Angst haben und frustriert sind. Ich habe jedoch festgestellt, dass viele Eltern auf Verhaltensweisen, die sie für „aufmerksamkeitsheischend" halten, reagieren, indem sie sich weigern, „nachzugeben", d. h. sie zu ignorieren. Sie glauben, dass sie das Verhalten „belohnen", wenn sie ihm nachgeben. Außerdem ist die Logik, dass der Teenager aufhören wird, sich auffällig zu verhalten, wenn sie den Brunnen der Aufmerksamkeit austrocknen. In Wirklichkeit ist dies in den meisten Fällen keine sehr wirksame Methode. Oft eskaliert das Verhalten des Teenagers, oder das Kind wendet sich anderen zu - Freunden, Online-Verbindungen und sozialen Medien - um sein Bedürfnis nach Aufmerksamkeit zu befriedigen. Was können Eltern also tun, um zu verhindern, dass sie einen „aufmerksamkeitssuchenden Teenager" großziehen? Die Antwort ist ganz einfach:

Vergessen Sie nicht, Ihrem Jugendlichen Kind Aufmerksamkeit zu schenken

Wir erkennen oft nicht, wie gut ein Schrei nach Aufmerksamkeit ist und dass es sich um ein menschliches Grundbedürfnis handelt, weil wir als Kultur dazu neigen, das Konzept der Aufmerksamkeitssuche zu verachten. Als Menschen brauchen wir Aufmerksamkeit auf die gleiche Weise wie Sauerstoff, Wasser und Nahrung. Es ist ein emotionales Bedürfnis, das genauso wichtig ist wie alle unsere körperlichen Bedürfnisse. Wenn Menschen nicht in der Lage sind, ihr Bedürfnis nach Aufmerksamkeit zu befriedigen, und es ihnen an der Fähigkeit oder Reife fehlt, dieses Bedürfnis zu erkennen und es auf gesunde Weise zu befriedigen, werden sie zu ungesunden

Methoden greifen, um es zu erhalten. Die Alternative zur Befriedigung des Bedürfnisses besteht darin, sich abzuschotten und sich emotional „nicht zu kümmern". Wenn gefühlsmäßig nichts mehr übrig bleibt, um sich von diesen Optionen abzuwenden, wird Selbstmord zu einem größeren Risiko. Auch andere destruktive Bewältigungsmethoden geraten außer Kontrolle.

Unsere Teenager sehnen sich natürlich nach Aufmerksamkeit, und wir müssen sie ihnen geben. Jede Beziehung, die sie für den Rest ihres Lebens haben, wird auf ihrer Eltern-Kind-Bindung aufbauen. Dies ist die wichtigste Zeitinvestition, die Sie tätigen können. In der Literatur wird viel über Bindung geschrieben, und man kann ihre Bedeutung nicht genug betonen.

Es ist nicht leicht, Eltern eines Teenagers zu sein. Späte Abende, an denen man wach liegt und sich Saufgelage oder rasante Verfolgungsjagden ausmalt, das nutzlose Gefühl, dass alles, was man sagt, zum einen Ohr rein und zum anderen wieder raus geht. Die Konfrontationen, bei denen die Türen zugeschlagen werden, wenn es um die Nutzung des Telefons oder die Wahl der Freunde geht, können genauso schwierig sein wie die Pubertät für die Eltern. Die Teenager werden bestätigen, dass es auch für sie schwierig ist.

Was passiert in der Pubertät, dass aus vielen einst so netten Kindern rabiate Schläger werden? Laut einer Studie unter der Leitung der amerikanischen Neuropsychologin Deborah Todd-Yurgelun könnte zumindest ein Teil des Grundes darin liegen, dass die Gehirne von Jugendlichen Informationen anders verarbeiten als die Gehirne von Erwachsenen. Ihr

Forschungsteam setzt bildgebende Verfahren ein, um die neurologischen Grundlagen der emotionalen Umwälzungen zu untersuchen, die viele Teenager durchmachen. Und diese bildgebenden Verfahren zeigen Gehirnanomalien auf, die Verhaltensweisen von Jugendlichen wie Impulsivität, schlechtes Urteilsvermögen und soziale Ängste erklären könnten, die Erwachsene frustrieren.

Laut Yurgelun-Todd kann rebellisches Verhalten von Teenagern eher eine Frage der Biologie als der Sturheit sein. „Gehen Sie nicht davon aus, dass Ihr Kind, nur weil Sie ein Argument dargelegt oder eine Idee präsentiert haben, diese genauso verstehen wird wie Sie", empfiehlt sie. „Das Frontalhirn befindet sich noch in der Entwicklung, und wenn die neurologische Struktur nicht vorhanden ist, kann ein Jugendlicher die Dinge nicht so gut durchdenken wie ein Erwachsener. „

Impulsivität

Wenn ein Teenager mit überhöhter Geschwindigkeit um eine Kurve fährt, prallt sein Auto gegen einen Baum. Obwohl sie die ausgeschriebenen Geschwindigkeitsbegrenzungen gesehen, die Ermahnungen der Eltern gehört und stundenlanges Fahrtraining absolviert haben, haben sie sich in diesem Moment hinter dem Steuer scheinbar unüberlegt verhalten.

Entscheidungsfindung, Einsicht, Urteilsvermögen und Hemmungskontrolle sind mit dem frontalen Kortex verbunden. Laut Marisa Silveri, PhD, Psychologin bei der Yurgelun-Gruppe, könnte die Ursache für ein solch schlechtes Urteilsvermögen in der Mikrostruktur der weißen Substanz des präfrontalen Kortex des Gehirns zu finden sein. Silveri, Yurgelun-Todd und andere verwenden die Diffusions-Tensor-Bildgebung (DTI), um die Mikrostruktur der weißen Substanz zu untersuchen, der Hirnregion, die für die Weiterleitung von Informationen zwischen Neuronen in der grauen Substanz verantwortlich ist. Die weiße Substanz, die aus Axonen besteht, die von einer als Myelin bezeichneten Lipidschicht umhüllt sind, wächst. Während der Adoleszenz wird nicht benötigte graue Substanz abgebaut, insbesondere im frontalen Kortex.

„Je dicker die Isolierung ist, desto besser ist die Signalübertragung von Punkt A nach Punkt B."

In einer 2006 in *Magnetic Resonance Imaging* (Vol. 24, Nr. 7, Seiten 833-841) veröffentlichten Studie wiesen Yurgelun-Todd und Kollegen einen Zusammenhang zwischen der Organisation der weißen Substanz und der Impulskontrolle bei Jungen und Mädchen nach. Die Forscher setzten DTI ein, um die Integrität der weißen Substanz zu analysieren, wobei eine kohärentere Organisation bedeutet, dass Nachrichten zwischen den Neuronen erfolgreicher übermittelt werden. Es zeigte sich, dass die Integrität der weißen Substanz bei Jungen einen stärkeren Zusammenhang mit der selbstberichteten Impulskontrolle, einem Verhaltensmaß, aufweist. Im Gegensatz dazu wurde festgestellt, dass die Integrität der weißen Substanz bei Mädchen stärker mit der Fähigkeit zusammenhängt, eine falsche Antwort zu unterdrücken, einer kognitiven Messgröße. Die Studie verdeutlicht die Bedeutung der weißen Substanz für die Impulskontrolle und bestätigt neue Daten, die auf Geschlechtsunterschiede im sich entwickelnden Gehirn hinweisen.

„Wir sagen nicht, dass wir herausgefunden haben, warum Kinder schlechte Entscheidungen treffen", fügt Yurgelun-Todd hinzu, „aber wir glauben, dass dies einer der Faktoren ist, der dazu beiträgt, dass sie die Informationen nicht so effizient verarbeiten, wie sie sollten. „

Ängste in gewissen Situationen

Als ob es nicht schon schwierig genug wäre, gute Entscheidungen zu treffen und impulsives Verhalten zu kontrollieren, haben viele Teenager auch noch mit sozialen Ängsten zu kämpfen. Bei manchen können schon scheinbar unbedeutende Auslöser Übelkeit hervorrufen, z. B. wenn sie aufgefordert werden, vor der Klasse eine Algebra-Aufgabe zu lösen, oder wenn sie das kollektive Kichern der coolen Mädchen in der Umkleidekabine hören. Yurgelun-Todd hat nun Beweise für einen Zusammenhang zwischen sozialer Angst bei Jugendlichen und der Gehirnentwicklung gefunden. Sie untersuchte die Amygdala, die mit Emotionen - vor allem Angst - zu tun hat. Yurgelun-Todd und ihre Kollegen untersuchten mit einem funktionellen Magnetresonanztomographen (fMRI) die Gehirne von sechzehn Teenagern, während sie ihnen gruselige oder fröhliche Gesichter zeigten. Die Forscher stellten fest, dass eine erhöhte Amygdala-Aktivität während der Präsentation von gruseligen Gesichtern mit höheren Werten für soziale Ängste, nicht aber mit anderen Angstmerkmalen verbunden war. Laut Yurgelun-Todd deutet dieses Ergebnis darauf hin, dass Jugendliche und Erwachsene ihre Ängste unterschiedlichen Gründen zuordnen.

Sie behauptet, dass „ein Großteil des jugendlichen Verhaltens darauf abzielt, die Sorge zu vermeiden, sich ausgeschlossen zu fühlen und nicht dazuzugehören. „

Yurgelun-Todd untersucht den präfrontalen Kortex und einen Prozess, den sie als verstärkte *Formalisierung* bezeichnet, um weitere Hinweise auf den Zusammenhang zwischen jugendlichen Emotionen und der Gehirnentwicklung zu erhalten. Sie behauptet, dass bei der Reifung des Gehirns im Jugendalter der präfrontale Kortex viele der kognitiven Aufgaben übernimmt, die zuvor in den grundlegenderen subkortikalen und limbischen Regionen ausgeführt wurden, wie z. B. logisches Denken, Planung und Verhaltenskontrolle. Während ein Jugendlicher zum Erwachsenen heranreift, entwickelt sich der präfrontale Kortex weiter, wobei die kognitive Kontrolle und die Verhaltenshemmung zunehmen. Die Frontalisierung kann die zunehmende Fähigkeit von Jugendlichen untermauern, abstrakt über sich selbst hinaus zu denken und sich mit den Augen anderer zu sehen, was zu dem Gefühl beitragen kann, ständig auf der Bühne zu stehen und beurteilt zu werden, dass viele Jugendliche haben.

Die Forscher fanden heraus, dass mit der Verbesserung der Fähigkeiten zum abstrakten Denken bei den Teenagern auch ihr Grad an sozialer Angst abnahm, so Isabelle Rosso, PhD, die ebenfalls in der Yurgelun-Gruppe arbeitet. Zum abstrakten Denken gehört die Fähigkeit, einen Beobachterstandpunkt einzunehmen und Schlussfolgerungen über die Gedanken und Gefühle anderer Menschen zu ziehen, so Todd's. Obwohl die Entwicklung des abstrakten Denkens für die Selbstregulierung von Erwachsenen letztendlich von Vorteil ist, ist Rosso der Ansicht, dass sie bei Jugendlichen die Anfälligkeit für soziale Ängste und andere emotionale Störungen erhöhen kann. „In der Pubertät wird man sich seiner selbst immer bewusster, und man beginnt, abstrakt oder hypothetisch über die Gedanken und Gefühle anderer Menschen nachzudenken", fügt Rosso hinzu. „Dadurch wird man jedoch auch sozial bewusster und macht sich mehr Gedanken darüber, was andere von einem denken. Manche Teenager entwickeln dadurch neue Schwachstellen. „

Die Rebellion von Teenagern ist ein typisches Element der Entwicklung und des Wachstums. Die Rebellion junger Erwachsener ist weit verbreitet und einer der häufigsten Gründe für Konflikte zwischen Eltern und ihren heranwachsenden Kindern. Der Ausdruck von trotzigem Verhalten und die Missachtung der geltenden elterlichen Richtlinien werden als Rebellion bezeichnet.

In dieser Phase scheint es viel Streit, Geschrei, Türenknallen und böse Worte zwischen den Eltern zu geben. Das ist jedoch bei Teenagern zu erwarten. In dieser Phase kämpfen sie mit den Werten, die Sie ihnen beizubringen versucht haben, und mit dem, was die Gesellschaft als Wert vorgibt. Dies ist eine Phase, in der alles in Frage gestellt wird, was Ihre Erziehungsfähigkeiten betrifft, weil sie wissen wollen, warum die Dinge so sind, wie sie sind, und warum sie bestimmte Dinge nicht tun sollten (vor allem, wenn sie sehen, dass ihre Freunde dasselbe tun, ohne dass es negative Auswirkungen hat).

Diese Entwicklungsphase zeigt den Wunsch des Teenagers nach Unabhängigkeit und einer eigenen Identität.

Während der Pubertät versucht Ihr Kind, ein Gefühl für seine eigene Identität zu entwickeln. Sie müssen Ihrem Kind begreiflich machen, dass sein Wert darauf beruht, wer es ist, und nicht darauf, was es in dieser Zeit tut. Unterstützen Sie Ihr Kind dabei, zwischen einem Bild und einer Identität zu unterscheiden.

Das ist ein natürlicher Aspekt ihrer Reifung: Der präfrontale Kortex ist eine Hirnregion, die für die Entscheidungsfindung, das Sozialverhalten und den Ausdruck der Persönlichkeit verantwortlich ist. In den Teenagerjahren wird die Funktion dieses Teils des Gehirns auf die Probe gestellt, was dazu führt, dass sie Grenzen austesten, kämpfen, testen und schließlich den Entscheidungsprozess verstehen.

Andererseits müssen Teenager ihre eigenen Entscheidungen treffen und Fehler machen, damit sich ihr präfrontaler Kortex richtig entwickeln kann.

Verteidigung der Unabhängigkeit
Das Streben nach Unabhängigkeit ist eine weitere Ursache für die Rebellion Jugendlicher. Im Teenageralter beginnen Kinder, sich nach mehr Freiheit von ihren Eltern zu sehnen. Die Eltern können das Bedürfnis nach Abstand als Rebellion missverstehen, und ihre Reaktionen können zur Rebellion der Jugendlichen führen.

Kontrolle ist notwendig
Jugendliche wünschen sich, in ihrem Leben ein gewichtiges Wort mitzureden und die Verantwortung für ihre Aktivitäten zu übernehmen. Teenager schlagen oft um sich und widersetzen sich ihren Eltern, wenn sie gezwungen werden, Entscheidungen zu treffen.

Der Kampf um Akzeptanz

Gleichaltrige haben einen großen Einfluss auf Teenager. Der Druck, einen Lebensstil zu führen, den sie bewundern, kann dazu führen, dass sie gegen ihre Eltern rebellieren und nicht mehr auf sie hören. Sie versuchen vielleicht, den Lebensstil ihrer Freunde zu kopieren, um sich anzupassen.

Sie stehen unter dem Druck, sich dem anzupassen, was alle anderen tun, und können dadurch sogar ihre Individualität verlieren. Bei dem Versuch, sich an den Lebensstil anderer anzupassen, können sie ihre Interessen aus den Augen verlieren.

Aufmerksamkeit erregen

Teenager brauchen Aufmerksamkeit und werden alles tun, um sie zu bekommen. Sie freuen sich, wenn andere ihre Aktivitäten, ihren Lebensstil oder ihr Aussehen bemerken, und tun alles, damit man sie bemerkt. Teenager, die nicht genug Aufmerksamkeit von ihren Eltern bekommen, suchen möglicherweise Trost und Aufmerksamkeit bei den falschen Personen. Diese Personen können Kinder auf den falschen Weg führen, was zu Fehlverhalten führt.

Eltern, die übermäßig besorgt sind

Die meisten Eltern sind besorgt und teilen ihre Sorgen täglich ihren rebellischen Teenagern mit. Obwohl dies aus Liebe geschieht, kann die ständige besorgte Kommunikation Ihrem Teenager den Eindruck vermitteln, dass Sie ihm nicht helfen können und dass es schwierig ist, Ihnen zu gefallen. Wenn Sie Ihren Teenagern häufig Ihre Sorgen mitteilen, könnten sie sich angewöhnen, Sie zu ignorieren, wenn Sie mit ihnen sprechen.

Hormonelle Veränderungen

Während der Pubertät machen Jugendliche viele körperliche Veränderungen durch. Dies kann zu übereilten Entscheidungen und impulsiven Handlungen führen. Auch wenn die Hormone nicht allein für jugendliches Fehlverhalten verantwortlich gemacht werden können, so spielen sie doch eine Rolle.

Wie geht man mit einem rebellischen Jugendlichen um?

Erkennen Sie an, dass ihr Trotz normal und natürlich ist, da sie versuchen, ihre eigene Identität zu definieren und zu bestimmen, wie weit sie gehen können.

Lassen Sie sie erkennen, dass Sie ein menschliches Wesen sind, das durch ihre Handlungen verletzt und verärgert ist. Manipulieren Sie sie jedoch nicht emotional, denn Teenager reagieren empfindlich auf emotionale Erpressung.

Teenager wollen als Erwachsene angesehen werden. Kritisieren Sie nicht ihr Aussehen, sondern würdigen und ergänzen Sie ihr positives Verhalten.

Sagen Sie Ihrem Jugendlichen, dass Sie ihn bedingungslos lieben und dass Sie immer für ihn da sind, um ihn zu beraten und ihm beizustehen.

Für ein Kind ist die Aufmerksamkeit seiner Eltern unerlässlich. Sie ist ein grundlegendes und lebenswichtiges menschliches Bedürfnis, genau wie Trinken, Essen oder Schlafen. Wenn dieses Bedürfnis nicht auf angenehme Weise befriedigt wird (positive Aufmerksamkeit), verhält sich das Individuum unangemessen oder unangenehm, um dieses

Bedürfnis zu befriedigen und negative Aufmerksamkeit zu erregen.

Was sagt Ihnen negative Aufmerksamkeit? Es ist, wenn Sie nach einem weiteren unangemessenen Verhalten wütend auf Ihr Kind werden und es anschreien.

Sagen Sie sich, dass Ihr Kind, wenn es ein unerwünschtes oder unangemessenes Verhalten wiederholt, etwas dadurch gewinnt, dass es dieses Verhalten annimmt, und meistens gewinnt es dadurch Ihre Aufmerksamkeit. Selbst wenn es negativ ist, hat Ihr Kind dann Ihre ungeteilte Aufmerksamkeit.

Unangemessene Art und Weise, wie Kinder nach Aufmerksamkeit suchen

- In Opposition sein, das Gegenteil von dem tun, was von ihnen verlangt wird
- Unverhältnismäßige Anfälle haben
- Den Clown spielen, das Wort an sich reißen, andere unterbrechen/verärgern, verspotten, wie ein Baby reden
- Beleidigungen aussprechen oder plötzliche/gewalttätige Gesten machen
- Dinge tun, die uns unbegründet erscheinen, oder ständig reden
- Mit Geschwistern streiten
- Beharrlich wiederholte Anfragen
- Jammern, Klagen und übertriebene Reaktionen auf Schmerzen

Für manche Kinder ist das Streben nach negativer Aufmerksamkeit zu einer gewohnheitsmäßigen, unbewussten und daher unfreiwilligen Verhaltensweise geworden. In diesem Teufelskreis bleiben Eltern und Kinder Gefangene ihrer jeweiligen Verhaltensweisen.

Stellen Sie sich die folgenden Fragen:
- Ist Ihr Kind aufmerksamer, wenn es das Essen verweigert, alles auf den Boden wirft oder alleine und leise isst?

- Ist Ihr Teenager aufmerksamer, wenn er die Familienregeln respektiert, oder wenn er zu Beginn des Schuljahres und/oder bei der Beteiligung an der Hausarbeit rebelliert?

- Achte ich als Elternteil mehr auf mein Kind, wenn es rüpelhaft ist, sich aufregt und/oder Schmerzen hat?

Selbst in gut funktionierenden Familien erhält das Kind (oder der Jugendliche) im Allgemeinen mehr Aufmerksamkeit, wenn es sich störend verhält.

Warum? Weil es uns (uns Eltern) normal erscheint, dass unser Kind brav am Tisch sitzt, Verantwortung für seine Hausaufgaben übernimmt und verantwortungsbewusst ist und Geld verdient. Sicher, dass mag der normale Lauf der Dinge sein, aber keine dieser lobenswerten Gewohnheiten sollte trivialisiert oder schlichtweg ignoriert werden.

Es ist nicht fair, dass ein Kind, das gut funktioniert, weniger Aufmerksamkeit bekommt als ein Geschwisterkind, das viele unangemessene/oppositionelle/störende Verhaltensweisen zeigt, die Aufmerksamkeit erfordern. Was hat das Kind verstanden? Es ist nutzlos, gut zu funktionieren und die Regeln/Routinen/ Anweisungen zu respektieren, weil wir vor allem dann

Aufmerksamkeit bekommen, wenn wir uns störend, unangemessen oder oppositionell verhalten.

Die Gehirne von Kindern (und Jugendlichen) sind noch nicht voll entwickelt, und wenn Eltern dieses Bedürfnis nach Aufmerksamkeit befriedigen können, werden noch mehr Synapsen geschaffen, die zu ihrer richtigen Entwicklung beitragen werden. Achtsamkeit bedeutet, dass wir in den Augen des anderen existieren, dass sich jemand um uns sorgt und wir deshalb sicher sind.

Indem wir unseren Kindern regelmäßig positive Aufmerksamkeit schenken, tragen wir wesentlich dazu bei, ihr Selbstwertgefühl zu stärken, was sich positiv auf ihr Verhalten und die Familiendynamik insgesamt auswirkt. Anstatt zu warten, bis unangenehmes Verhalten nachlässt, sollten wir den Kindern geben, was sie brauchen - in diesem Fall eine kleine Dosis positiver Aufmerksamkeit jeden Tag auf nette Art und Weise, bevor sie unangemessen darum bitten.

Wie kann man aus diesem Kreislauf der negativen Aufmerksamkeit aussteigen?

Wenn Sie auf die Verhaltensweisen achten, die Sie fördern wollen, und umgekehrt unangemessenen Verhaltensweisen nur das absolute Minimum an Aufmerksamkeit schenken, werden Sie wahrscheinlich positive Ergebnisse erzielen. Positive Verstärkung und fast absichtliches Ignorieren kleinerer Verhaltensweisen (achten Sie darauf, nicht zu ignorieren, weil Sie Ihr Kind dazu bringen, so lange darauf zu beharren, bis Sie wütend werden) werden dazu beitragen, positives Verhalten zu verstärken und nicht negatives Verhalten.

Indem Sie mit jedem Ihrer Kinder besondere Momente verbringen - Wir alle haben einen hektischen Alltag. Dennoch ist es wichtig, mit jedem unserer Kinder Zeit zu verbringen, und sei es auch nur in Fünf-Minuten-Schritten mehrmals am Tag (morgens und abends ist ein wichtiges Minimum).

Durch die Stärkung des Zugehörigkeitsgefühls wird das Kind in den Familienalltag einbezogen (je nach Alter), und sein Gefühl der Zugehörigkeit und Wichtigkeit wird gefördert. Folglich gibt es keinen Grund mehr, negativ aufzufallen. Jeder ist ein Gewinner!

Ermutigung und Lob haben sehr unterschiedliche langfristige Auswirkungen, da sie in der Ermutigung und nicht nur in der Anerkennung bestehen. Ersteres stärkt das Selbstvertrauen und die Autonomie des Kindes, während zweiteres dazu führt, dass es von den Blicken anderer abhängig wird.

Je mehr Aufmerksamkeit wir den gewünschten Verhaltensweisen unserer Kinder schenken, desto mehr werden sie sie nachahmen wollen. Je mehr wir ihre guten Taten oder ihr angemessenes Verhalten hervorheben, desto mehr werden sie Lust haben, im Familienalltag zu kooperieren und mitzuarbeiten.

Ein Kind benimmt sich oft unangenehm und will damit Aufmerksamkeit erregen. Fragen Sie sich, welche Art von Aufmerksamkeit das Verhalten Ihrer Kinder erzeugt, damit Sie nicht in die Falle der negativen Aufmerksamkeit tappen. Wenn Sie erkennen, dass Sie sich in diesem Teufelskreis befinden, kehren Sie den Prozess um, indem Sie seine Bedürfnisse angemessen befriedigen, und Sie werden eine deutliche Veränderung seines Verhaltens feststellen.

Um noch effektiver zu sein, sollten Sie auch die elterliche Konsequenz berücksichtigen. Seien Sie schließlich nachsichtig mit sich selbst und Ihren Kindern. Die Veränderungen werden sich allmählich einstellen. Ausdauer und Konsequenz werden den Unterschied ausmachen! Setzen Sie nicht auf einen Sprint, sondern auf einen Marathon.

Affektive Defizite bei Kindern
In unserer heutigen Welt haben immer mehr Kinder Probleme mit ihren Gefühlen. Die Eltern arbeiten länger und haben weniger Zeit für ihre Familien. Ist das gut oder schlecht für sie?

Es kann für Kinder schädlich sein, wenn ihre Eltern ihnen keine Aufmerksamkeit schenken. Sie brauchen gesunde emotionale Beziehungen, um aufzuwachsen, genau wie Essen und Schule, die aus echtem Interesse und Zuneigung bestehen.

Ihr Kind braucht, wie alle Menschen, ständig liebe Worte, Küsse, Umarmungen und andere Zeichen der Liebe von Ihnen. Auf diese Weise helfen Sie dem Gehirn des Kindes, so zu wachsen, dass es das tun kann, was es soll.

Affektive Defizite bei Kindern bleiben oft unenteckt
Sie irren sich, wenn Sie glauben, dass ein Kind keine emotionalen Probleme haben kann, weil es seine Eltern jeden Tag sieht und nicht verletzt wird.

Wie lernt man sich gegenseitig kennen? Viele Menschen wissen nicht, wie sie ihren Kindern gesunde Gefühle zeigen können. Sie müssen viel Zeit miteinander verbringen. Eine Familie, die nicht viel Zeit und Raum miteinander verbringt, um ihr emotionales Wohlbefinden zu verbessern, wird sich eher verschlechtern.

Überlegen Sie sich dazu Dinge, die allen Familienmitgliedern gefallen. Es ist eine gute Idee, etwas gemeinsam zu unternehmen, wie zum Beispiel Spiele zu spielen, Hausaufgaben zu machen und einen einfachen Snack zu essen. Auf diese Weise können Sie eine schöne Zeit verbringen, an die Sie sich noch lange erinnern werden. Es ist nicht wichtig, wie lange ihr zusammen seid, sondern worüber ihr gesprochen habt.

Einige Symptome affektiver Defizite bei Kindern
Affektive Defizite bei Kindern weisen spezifische Symptome oder psychologische Muster auf. Darunter finden wir:

Ängste
Dies ist ein Anzeichen dafür, dass Sie an einer affektiven Störung leiden, die sowohl Erwachsene als auch Kinder betrifft. Sich nicht konzentrieren zu können, ständig essen zu müssen und keine Geduld zu haben, sind alles Anzeichen dafür, dass sich jemand nicht um Sie kümmert.

Sprache und soziale Fähigkeiten entwickeln sich nicht gut
Als Kind sollte man eine gute Ausbildung erhalten, damit sich die Sprache richtig entwickeln kann. Ein wichtiger Aspekt sind aber auch gute Beziehungen zu anderen Menschen. Oft sind diese ungeschickt oder funktionieren zu Hause gar nicht, weil

sie nicht sozialisiert wurden und nicht genug Aufmerksamkeit bekommen. So spricht das Kind nicht so viel und lernt neue Wörter nicht so schnell.

Nicht in der Lage sein, seine Impulse zu kontrollieren und aggressiv zu handeln

Emotionen haben Vorrang vor Impulsen. Es ist wichtig, auf einen Mangel an Zuneigung zu achten, wenn ein Kind schwer zu kontrollieren ist oder sein Verhalten schnell ändert. Wenn dies der Fall ist, versuchen Sie, diese negativen Gefühle zu bekämpfen.

Mangelndes Vertrauen in andere Menschen

Ein Kind, das nicht genügend Emotionen hat, hat Schwierigkeiten, anderen Menschen zu vertrauen. Auch die Menschen in der Familie stehen auf der Liste. Ein Kind möchte nicht von anderen Menschen verletzt werden, wenn es sich missverstanden fühlt, und zieht es daher vor, in sich zu gehen und sich nicht schlecht zu fühlen.

Schwierigkeiten bei der Aufmerksamkeit

Kinder lernen, auf das zu achten, was ihre Eltern sagen, wenn sie genügend Zeit mit ihnen in einer Umgebung verbringen, in der sie respektiert werden. Auf diese Weise verstehen sie, wie wichtig es ist, dass sie gehört werden. Wenn Ihr Kind hingegen nicht schnell zuhört, könnte das ein Zeichen dafür sein, dass es nicht genügend Emotionen hat.

Fehlendes wissen, wie man Gefühle auf gesunde Weise ausdrücken kann

Da es nicht leicht ist, sich selbst von diesem Gefühl abzubringen, ist dies für die Kleinen fast unmöglich. Wie funktioniert das bei einem Kind, dem es nicht gut geht? Es gibt keine Hilfe für ein Kind mit emotionalen Problemen, weil ihnen niemand gesagt hat, wie sie es tun sollen.

Menschen, die sich jetzt nicht um diese Probleme kümmern, könnten sie für den Rest ihres Lebens mit sich herumtragen. Ihr Kind könnte schlechte soziale Fähigkeiten haben und emotional von anderen Menschen abhängig sein. Wenn Sie nicht wissen, wie Sie über Ihre Gefühle sprechen können, werden Sie in Zukunft noch egozentrischer sein.

Wenn Teenager Aufmerksamkeit suchen, besteht das Hauptproblem darin, dass sie diese auf ungesunde, potenziell gefährliche Weise suchen. Wie also können Sie als Eltern Ihren Kindern auf gesunde Weise Aufmerksamkeit schenken? Hier sind einige Vorschläge:

Finden Sie heraus, was sie interessiert und beschäftigen Sie sie mit dieser Aktivität
Wenn sie Musik mögen, hören Sie sie gemeinsam mit ihnen und erkundigen Sie sich nach ihr. Was ist mit Videospielen? Schauen Sie nicht nur zu. *Machen Sie mit.* Was ist mit der freien Natur? Nehmen Sie sie mit auf einen Spaziergang. Überschütten Sie sie in einer Sprache, die sie verstehen und auf die sie reagieren können, mit der Liebe, die Sie für sie empfinden.

Achten Sie auf sie, und wenn sie reden, hören Sie ihnen zu.
Schaffen Sie Raum und Zeit für ihre enormen Gefühle und Emotionen. In den Teenagerjahren kann es sehr schwierig sein, widersprüchliche Gefühle und bedeutende

Entwicklungsveränderungen auszudrücken, seien Sie also verständnisvoll.

Anstatt darauf zu warten, dass sie zu Ihnen kommen, gehen Sie zu IHNEN

„Wenn du Fragen zu irgendetwas hast, kannst du mich jederzeit fragen! „sagen viele Eltern zu ihren Teenagern. Das ist eine schöne Idee, aber das Problem ist, dass sie in neun von zehn Fällen nicht die Initiative ergreifen werden. Stellen Sie ihnen Fragen, stellen Sie Blickkontakt her und zeigen Sie, dass Sie sich für ihre Meinungen, Ideen, Pläne, Ziele und Träume interessieren. Erkundigen Sie sich nach ihrem Wohlbefinden und ob sie Hilfe benötigen. Seien Sie in diesem Moment präsent.

Niemals aufgeben

Vielleicht sind Sie müde, weil Sie sich Sorgen machen, wo sich Ihr Kind aufhält, mit wem es zusammen ist und was es nachts macht. Vielleicht sind Sie frustriert von gescheiterten Kommunikationsversuchen, wiederholten Streitigkeiten und offenem Trotz, ganz zu schweigen von Launenhaftigkeit, starken Emotionen und unüberlegtem und gefährlichem Verhalten.

Es mag manchmal schwer zu glauben sein, aber Ihr Jugendlicher ist kein Außerirdischer von einem anderen Planeten. Sie sind jedoch anders verdrahtet. Da sich das Gehirn eines Teenagers noch in der Entwicklung befindet, verarbeitet es Informationen anders als das Gehirn eines Erwachsenen. Während der Pubertät strukturiert sich der frontale Kortex - die Hirnregion, die für die Steuerung von Emotionen, das

Treffen von Entscheidungen, das Denken und die Kontrolle von Hemmungen zuständig ist - neu und produziert in erstaunlichem Tempo neue Synapsen. Das gesamte Gehirn reift jedoch erst mit Mitte zwanzig aus.

Ein Verständnis für die Entwicklung von Jugendlichen kann Ihnen helfen, mit Ihrem Kind in Kontakt zu bleiben und Herausforderungen gemeinsam zu bewältigen. Ihr Kind ist vielleicht größer als Sie und scheint in bestimmten Dingen reifer zu sein, aber es ist in der Regel nicht in der Lage, die Dinge auf der Ebene eines Erwachsenen zu durchdenken. Die Hormonausschüttung im Zuge der körperlichen Veränderungen in der Pubertät kann die Dinge noch komplizierter machen. Diese biologischen Unterschiede entschuldigen oder entbinden Jugendliche natürlich nicht davon, Verantwortung für ihr Verhalten zu übernehmen, aber sie können erklären, warum Jugendliche impulsiv handeln oder Eltern und Lehrer mit schlechten Entscheidungen, sozialer Angst und Rebellion verärgern.

Es ist auch wichtig zu erkennen, dass Teenager zwar unterschiedliche Persönlichkeiten und Vorlieben haben, einige Eigenschaften aber universell sind. Egal, wie weit Ihr Teenager emotional von Ihnen entfernt ist und wie unabhängig Ihr Kind zu sein scheint, es braucht Ihre Aufmerksamkeit und das Gefühl, von Ihnen geliebt zu werden.

Wenn durchschnittliches jugendliches Verhalten in problematisches Verhalten umschlägt

Wenn Teenager ihre Unabhängigkeit zum Ausdruck bringen und ihre Persönlichkeit entwickeln, zeigen viele von ihnen ungewöhnliche und unvorhergesehene Verhaltensänderungen, die Eltern verblüffen. Ihr liebes, gehorsames Kind, das es einst nicht ertragen konnte, von Ihnen getrennt zu sein, meidet Sie jetzt und reagiert auf alles, was Sie sagen, mit einem Augenrollen oder dem Zuschlagen der Tür. Das sind die typischen Verhaltensweisen eines Teenagers, so schwer sie auch für Eltern zu ertragen sind.

Andererseits hat ein gestörtes Kind Verhaltens-, emotionale und/oder Lernprobleme, die nicht typisch für das Jugendalter sind. Es kann sich regelmäßig an riskanten Aktivitäten wie Alkoholkonsum, Drogenkonsum, Sex, Gewalt, Schulschwänzen, Selbstverletzung, Ladendiebstahl oder anderen illegalen Handlungen beteiligen ... *genau wie Anneliese, um die Aufmerksamkeit der Männer zu gewinnen*. Obwohl jedes unangenehme Verhalten, das wiederholt auftritt, ein Hinweis auf zugrundeliegende Probleme sein kann, müssen Eltern verstehen, welche Verhaltensweisen während der Pubertät normal sind und auf wichtigere Probleme hinweisen.

Typisches Verhalten vs. gestörtes Verhalten

Erscheinungsbild
Teenager legen großen Wert darauf, mit den neuesten Trends Schritt zu halten. Das Tragen von aufreizender oder auffälliger Kleidung oder das Färben der Haare sind Beispiele dafür. Die Mode ändert sich, und Ihr Teenager wird sich auch ändern. Vermeiden Sie es, Ihren Teenager zu kritisieren, es sei denn, er möchte sich tätowieren lassen, und behalten Sie sich Ihre Beschwerden für wichtigere Angelegenheiten vor.

Die Symptome eines gestörten Jugendlichen sind nicht immer offensichtlich, aber wenn eine Veränderung des

Aussehens mit Schwierigkeiten in der Schule oder anderen schlechten Verhaltensänderungen einhergeht, kann dies ein Warnsignal sein. Schnittverletzungen und andere Formen der Selbstverletzung sowie eine erhebliche Gewichtsabnahme oder -zunahme sind ebenfalls ein Warnsignal.

Streit

Wenn Ihr Jugendlicher anfängt, nach Unabhängigkeit zu streben, werden Sie sich regelmäßig streiten und aneinandergeraten.

Ständig eskalierende Meinungsverschiedenheiten, häusliche Gewalt, Schulschwänzen, Prügeleien und Zusammenstöße mit dem Gesetz sind Verhaltensweisen, die über das typische Verhalten eines gestörten Jugendlichen hinausgehen.

Stimmungsschwankungen
Hormone und Entwicklungsveränderungen können Stimmungsschwankungen, unangenehmes Verhalten und Schwierigkeiten bei der Bewältigung von Emotionen bei Ihrem Jugendlichen verursachen.

Rasche Persönlichkeitsveränderungen, schlechtere Noten und anhaltende Melancholie, Angstzustände oder Schlafstörungen können auf Depressionen, Mobbing oder andere psychische Erkrankungen bei einem gestörten Jugendlichen hinweisen. Nehmen Sie jedes Gespräch über Selbstmord sehr ernst.

Experimentieren mit Drogen oder Alkohol
Fast jeder Jugendliche wird irgendwann mit Alkohol experimentieren und eine Zigarette rauchen. Viele werden sogar mit Marihuana experimentieren. Eine Methode, um zu

verhindern, dass es schlimmer wird, ist, mit Ihren Kindern ehrlich und offen über Drogen und Alkohol zu sprechen.

Wenn der Alkohol- oder Drogenkonsum zur Gewohnheit wird, insbesondere wenn er mit Problemen in der Schule oder zu Hause einhergeht, könnte dies auf ein Suchtproblem oder andere zugrunde liegende Probleme hinweisen.

Freunde haben einen stärkeren Einfluss als Eltern
Freundschaften sind für Teenager unglaublich wichtig und können ihre Entscheidungen erheblich beeinflussen. Wenn sich die Aufmerksamkeit der Teenager auf Gleichaltrige verlagert, werden sie sich zweifellos von Ihnen zurückziehen. Das mag Sie verletzen, aber das bedeutet nicht, dass Ihr Teenager Ihre Zuneigung nicht braucht.

Zu den Symptomen eines gestörten Jugendlichen gehören ein abrupter Wechsel in der Gruppe der Gleichaltrigen (vor allem, wenn die neuen Freunde schlechtes Verhalten fördern), die Weigerung, akzeptable Normen und Grenzen zu befolgen, und Lügen, um die Folgen schlechten Verhaltens zu vermeiden - all das sind rote Signale. Auch wenn Ihr Teenager zu viel Zeit allein verbringt, könnte dies ein Zeichen für Probleme sein.

Es mag schwer zu glauben sein, aber Teenager wollen immer noch, dass ihre Eltern sie lieben, loben und akzeptieren. Das bedeutet, dass Sie viel mehr Macht über Ihren Teenager haben, als Sie denken. Ein positiver Kontakt von Angesicht zu Angesicht ist die schnellste und effektivste Methode, um Stress abzubauen, indem das neurologische System beruhigt und fokussiert wird.

Um die Kommunikation mit Ihrem Jugendlichen zu verbessern, sollten Sie die folgenden Schritte durchführen:

Behalten Sie Ihr Stressniveau genau im Auge

Wenn Sie wütend oder unglücklich sind, sollten Sie zu diesem Zeitpunkt nicht mit Ihrem Teenager sprechen. Vergewissern Sie sich, bevor Sie ein Gespräch beginnen, dass Sie ruhig sind und viel Energie haben. Sie werden dabei Ihre ganze Geduld und Ihre positive Einstellung brauchen.

Seien Sie für Ihr Kind da wenn es Sie braucht

Es ist wichtig zu zeigen, dass Sie bereit sind, sich mit Ihrem Teenager auf eine Tasse Kaffee zu treffen, auch wenn Ihr Teenager das nicht möchte. Lassen Sie nicht zu, dass Fernseher, Telefone oder andere Ablenkungen Sie davon abhalten, während der Familienmahlzeiten eine gute Zeit zu haben. Wenn Sie das nächste Mal mit Ihrem Teenager sprechen, schauen Sie ihn an und bitten Sie ihn, Sie anzuschauen. Lassen Sie sich nicht unterkriegen, wenn Sie für Ihre Arbeit nur ein Grunzen oder ein Achselzucken zurückbekommen. Wenn Sie gemeinsam essen, müssen Sie vielleicht oft schweigen. Aber Ihr Kind wird immer die Möglichkeit haben, zu sprechen, wenn es das möchte.

Einen gemeinsamen Punkt finden

Wenn Sie versuchen, über das Aussehen oder die Kleidung Ihres Teenagers zu sprechen, werden Sie sich mit Sicherheit streiten. Aber Sie können immer noch einen Weg finden, zusammenzuarbeiten, also finden Sie Aktivitäten, die Ihnen gemeinsam Spaß machen. Das Ziel ist nicht, der beste Freund Ihres Teenagers zu werden, sondern Dinge zu finden, die Ihnen beiden Spaß machen und über die Sie in Ruhe reden können. Sie werden feststellen, dass es Ihrem Teenager leichter fällt, mit Ihnen über andere Dinge zu sprechen, wenn Sie anfangen, mit ihm zu reden.

Zuhören, ohne zu urteilen oder Ratschläge zu erteilen

Wenn Ihr Kind mit Ihnen spricht, müssen Sie ihm zuhören, ohne es zu verspotten, zu unterbrechen oder zu verurteilen. Auch wenn Ihr Teenager Sie nicht ansieht, sollten Sie Augenkontakt herstellen und Ihre Aufmerksamkeit auf ihn richten. Wenn Sie Ihre E-Mails prüfen oder die Zeitung lesen, wird Ihr Teenager denken, dass Sie sich nicht für ihn interessieren.

Erwarten Sie eine Ablehnung

Wenn Sie versuchen, mit Ihrem Teenager in Kontakt zu treten, reagiert er vielleicht mit Wut, Ungeduld oder anderen negativen Gefühlen. Bleiben Sie ruhig und geben Sie Ihrem Teenager Raum, sich zu entspannen. Versuchen Sie es später, wenn Sie sich beide beruhigt haben, erneut. Es wird Zeit und Mühe kosten, eine Verbindung zu Ihrem Teenager aufzubauen, aber geben Sie nicht auf. Wenn Sie durchhalten, werden Sie es schaffen.

Umgang mit jugendlicher Wut und Gewalt

Als Eltern eines Teenagers, der wütend, aggressiv oder gewalttätig ist, leben Sie vielleicht in ständiger Sorge. Jeder Anruf oder jedes Klopfen an der Tür könnte bedeuten, dass Ihr Sohn verletzt wurde oder anderen schrecklichen Schaden zugefügt hat.

Natürlich regen sich auch Mädchen im Teenageralter auf, aber ihre Wut wird in der Regel nicht körperlich, sondern lautstark zum Ausdruck gebracht. Männliche Teenager neigen eher dazu, Gegenstände zu werfen, Türen zu zertrümmern oder gegen die Wand zu schlagen, wenn sie wütend sind. Manche Menschen richten ihren Zorn sogar gegen Sie. Dies kann für alle Eltern - vor allem für alleinerziehende Mütter - eine zutiefst erschütternde und beunruhigende Erfahrung sein. Sie müssen jedoch nicht in Angst vor Gewalt leben. Die Akzeptanz von Gewalt ist für Ihren Teenager genauso schlimm wie für Sie.

Wenn Ihr Teenager Ihnen das Gefühl gibt, sie zu bedrohen

Jeder Mensch hat das Recht, sich in seiner physischen Umgebung sicher zu fühlen. Suchen Sie sofort Hilfe, wenn Ihr Teenager Ihnen gegenüber gewalttätig ist. Wenden Sie sich gegebenenfalls an einen Freund, einen Verwandten oder an die Polizei. Das heißt nicht, dass Sie sich nicht um Ihr Kind kümmern, aber Ihre Sicherheit und die Ihrer Familie sollte immer an erster Stelle stehen.

Wie man mit der Wut eines Teenagers umgeht

Für viele Teenager ist es schwierig, mit Wut umzugehen, da sich dahinter häufig andere Gefühle wie Frustration, Demütigung, Traurigkeit, Schmerz, Angst, Scham und Verletzlichkeit verbergen. Vielen Jungen fällt es im Teenageralter schwer, ihre Gefühle zu erkennen, geschweige denn sie auszudrücken oder um Unterstützung zu bitten. Wenn Jugendliche mit ihren Gefühlen nicht fertig werden, können sie ausrasten und sich und andere gefährden.

Für Eltern geht es darum, ihren Teenager dabei zu unterstützen, konstruktiver mit Emotionen und Wut umzugehen:

- **Klare Richtlinien, Vorschriften und Sanktionen festlegen**
Teenager brauchen heute mehr denn je Grenzen und Normen. Wenn Ihr Teenager ausrastet, könnte er Privilegien verlieren oder Ärger mit der Polizei bekommen. Erklären Sie, dass es nichts Falsches daran ist, wütend zu sein, aber dass es angemessene und unangemessene Arten gibt, dies zu zeigen.

- **Versuchen Sie herauszufinden, was die Wut auslöst**
Ist Ihr Teenager melancholisch oder traurig? Wenn ja, fühlen sie sich schlecht, weil ihre Freunde Dinge haben, die sie nicht haben? Braucht Ihr Teenager einfach nur jemanden, der ihm zuhört, ohne ein Urteil zu fällen?

- **Stellen Sie sicher, dass Sie die Warnzeichen und Auslöser von Wut kennen**
Wenn Teenager auf die Anzeichen achten, die darauf hindeuten, dass ihr Temperament außer Kontrolle zu geraten droht, können sie schnell handeln, um die Situation zu entschärfen. Ihr Teenager bekommt vielleicht Kopfschmerzen oder beginnt auf und ab zu laufen, bevor er wütend wird. Oder macht dich eine bestimmte Klasse in der Schule immer wütend?

- **Helfen Sie Ihrem Teenager, einen gesunden Umgang mit seiner Wut zu entwickeln**
Eine gute Möglichkeit, sich fit zu halten, ist Laufen, Reiten, Klettern oder ein Mannschaftssport. Ein Boxsack oder ein

Kissen kann helfen, Stress und Wut loszuwerden. Es kann auch helfen, wenn du zu lauter, wütender Musik tanzt oder trainierst. Manche Teenager drücken ihre Wut oder Traurigkeit durch Kunst oder Schreiben aus.

- **Erlauben Sie Ihrem Kind, seinen eigenen Raum zu haben**
Wenn Ihr Kind wütend ist, lassen Sie es an einen sicheren Ort gehen, um sich zu beruhigen. Wenn Ihr Kind immer noch wütend ist, versuchen Sie nicht, es dazu zu bringen, sich zu entschuldigen oder zu erklären, warum es wütend ist. Dadurch wird die Wut länger anhalten oder schlimmer werden, und es könnte sogar zu einer körperlichen Auseinandersetzung kommen.

- **Bemühen Sie sich, Ihr eigenes Temperament zu kontrollieren**
Sie werden Ihrem Teenager nicht helfen können, wenn Sie die Fassung verlieren. Es wäre am besten, wenn Sie ruhig und gelassen blieben, egal wie sehr Ihr Kind Sie reizt, so herausfordernd es auch erscheinen mag. Wenn Sie oder andere Familienmitglieder schreien, sich gegenseitig schlagen oder mit Gegenständen werfen, wird Ihr Teenager daraus schließen, dass dies akzeptable Methoden sind, um seinen Unmut zu zeigen.

Rote Karten für gewalttätiges Verhalten

Es genügt ein Blick in die Nachrichten, um zu sehen, dass die Gewalt unter Jugendlichen zunimmt. Viele Websites fördern extremistische Überzeugungen, die zu gewalttätigem Handeln aufrufen. Das stundenlange Spielen von gewalttätigen Videospielen kann Jugendliche gegenüber den Auswirkungen von Feindseligkeit und Gewalt in der realen Welt desensibilisieren. Natürlich wird nicht jeder Jugendliche, der schädlichen Inhalten ausgesetzt ist, gewalttätig. Dennoch können die Auswirkungen eines gestörten Teenagers, der emotional verwundet ist oder psychische Probleme hat, verheerend sein.

Es gibt viele Warnzeichen dafür, dass ein Jugendlicher gewalttätig werden könnte:

- Spielen mit gefährlichen Waffen
- Zwanghaftes Spielen von gewalttätigen Videospielen, Anschauen von gewalttätigen Filmen oder Besuchen von Websites, die Gewalt propagieren
- Andere schikanieren
- Fantasieren über Gewalttaten
- Aggressives oder grausames Verhalten gegenüber Haustieren

Erkennen Sie die Anzeichen und Symptome von Depressionen bei Jugendlichen

Viele Fehlverhaltensweisen von Jugendlichen können auf eine Depression hindeuten. Dazu können die folgenden Dinge gehören:

- *Es gibt Probleme in der Schule* - Depressionen bei Teenagern können zu Energiemangel und Konzentrationsproblemen führen, was sich in schlechter Anwesenheit und schlechten Noten niederschlägt.

- *Flucht* - Viele unglückliche Jugendliche fliehen oder drohen, von zu Hause zu fliehen, um sich Hilfe zu holen.

- *Drogen- und Alkoholmissbrauch* - Um sich selbst zu therapieren und ihre Verzweiflung zu lindern, greifen Teenager möglicherweise zu Alkohol oder Drogen.

- *Geringes Selbstvertrauen* - Depressionen können bei Jugendlichen Schamgefühle, Versagensgefühle und soziale Ängste auslösen oder verstärken und sie besonders anfällig für Kritik machen.

- *Smartphone-Sucht ist ein ernstes Problem* - Depressive Teenager können sich dem Internet zuwenden, um ihren Problemen zu entkommen, aber exzessive Smartphone- und Internetnutzung kann die Melancholie verschlimmern, indem sie das Gefühl der Isolation verstärkt.

- *Unberechenbares Verhalten* - Depressive Jugendliche neigen eher zu risikoreichem Verhalten wie rücksichtslosem Fahren, Saufgelagen oder riskantem Sex.

- *Gewalt* - Wenn sie deprimiert sind, können einige Jugendliche, insbesondere Jungs, aggressiv und gewalttätig werden.

Schaffen Sie ein Gefühl der Balance im Leben Ihres problematischen Teenagers

Wenn Ihr Teenager Probleme hat, können Sie ihm helfen, sein Leben wieder in den Griff zu bekommen, indem Sie gesunde Entscheidungen treffen.

- **Einen Rahmen erstellen**

Teenager mögen sich mit Ihnen über Regeln und Disziplin streiten, aber das heißt nicht, dass sie sie nicht brauchen. Ein Teenager fühlt sich sicher und wohl, wenn es in seinem Leben viel Ordnung gibt, z. B. regelmäßige Essenszeiten und Schlafenszeiten. Ein gemeinsames Frühstück und Abendessen kann eine gute Möglichkeit sein, sich zu Beginn und am Ende des Tages mit Ihrem Teenager auszutauschen.

- **Bildschirmzeit reduzieren**

Jugendliche, die gewalttätig werden, scheinen mit gewalttätigen Fernsehsendungen, Filmen, Internetinhalten und gewalttätigen Videospielen in Verbindung gebracht zu werden. Selbst wenn sich Ihr Teenager nicht für gewalttätige Inhalte interessiert, könnte zu viel Bildschirmzeit der Entwicklung seines Gehirns schaden. Schränken Sie die Nutzung elektronischer Geräte durch Ihren Teenager ein und achten Sie darauf, dass er sein Handy nach einer bestimmten Uhrzeit nicht mehr benutzt, damit er genug Schlaf bekommt.

- **Zur Bewegung antreiben**

Schon ein wenig Bewegung am Tag kann Ihrem Teenager helfen, sich besser zu fühlen. Es kann helfen, Depressionen zu lindern, Energie und Positivität zu steigern, Stress abzubauen, den Schlafrhythmus zu regulieren und das Selbstwertgefühl zu stärken. Um Ihren Teenager dazu zu bringen, etwas anderes zu tun als Videospiele zu spielen, ermutigen Sie ihn, „Exergames" zu spielen, bei denen er stehen und sich bewegen muss, z. B. Spiele, die aussehen wie Tanzen, Skateboardfahren, Fußball oder Tennis. Diese Spiele bringen sie dazu, sich zu bewegen. Je mehr Ihr Kind sich bewegt, desto eher wird es einem Verein oder einer Mannschaft beitreten.

- **Gesunde Ernährung**

Teenager werden zu Ihnen aufschauen, wenn Sie sich wie ein guter Mensch verhalten. Eine gesunde Ernährung kann die Energie, die geistige Schärfe und die Stimmung eines Teenagers verbessern. Man sollte mehr zu Hause kochen, mehr Obst und Gemüse essen und Junkfood und Limonade vermeiden.

- **Sorgen Sie dafür, dass Ihr Kind genug Schlaf bekommt**
Um geistig und seelisch gesund zu sein, braucht Ihr Kind jede Nacht mindestens 8,5 bis 10 Stunden Schlaf. Menschen, die nicht genug Schlaf bekommen, können reizbar, wütend und lethargisch sein, und ihr Gewicht, ihr Gedächtnis, ihre Aufmerksamkeit, ihre Entscheidungsfähigkeit und ihre Immunität gegen Krankheiten können beeinträchtigt sein. Sie sollten für Ihren Teenager jeden Abend die gleiche Schlafenszeit festlegen und Fernseher, Computer und andere elektronische Geräte aus seinem Zimmer fernhalten, da das Licht dieser Geräte den Körper daran hindert, Melatonin zu bilden, und den Geist anregt (anstatt ihn zu beruhigen). Schlagen Sie stattdessen vor, dass Ihr Teenager vor dem Schlafengehen Musik oder ein Hörbuch hört.

- Es ist wichtig, Ihr Kind daran zu erinnern, dass sich die Situation - unabhängig davon, wie groß der Schmerz oder der Umbruch ist, in dem es sich gerade befindet - mit Ihrer Liebe und Unterstützung sowie bei Bedarf mit professioneller Hilfe verbessern kann und wird. Ihr Kind kann zu einem glücklichen, ausgeglichenen jungen Erwachsenen heranwachsen, wenn es die Herausforderungen der Adoleszenz meistert.

Kapitel 6

Vernetzung des Gehirns - Einfluss der Gesellschaft/Freunde

Das Gehirn steuert jedes menschliche Verhalten, von instinktiven Reaktionen wie dem Atmen bis hin zu kleinen Gesprächen und dem Lachen über Witze. Um zu verstehen, wie man mit Teenagern in Kontakt treten kann, muss man zunächst begreifen, wie das Alter und frühere Erfahrungen das Gehirn im Laufe der Zeit verändern - und wie diese Veränderungen das Verhalten beeinflussen.

Die Entwicklung und Veränderung des Gehirns spielt in der Entwicklung von Jugendlichen eine wichtige Rolle und beeinflusst Kognition, Gefühle und Verhalten. Während der Adoleszenz erfährt es zum Beispiel bedeutende Veränderungen, die das Selbst und die Welt um einen Teenager herum verändern.

Anneliese zum Beispiel hatte ein Problem damit, sich selbst zu lieben und sich als wertvoll zu betrachten, weil ihren Gefühlen in ihrer Kindheit keine Aufmerksamkeit geschenkt wurde. In

Verbindung mit der extremen emotionalen Vernachlässigung, die sie von ihrer Mutter erfuhr, war es nicht schwer zu erkennen, wo sie nach Aufmerksamkeit suchte.

Die Entwicklung des Gehirns, die auch als Lernen bezeichnet wird, ist der Prozess der Bildung, Stärkung und Zerstörung von Verbindungen zwischen Neuronen, die als Synapsen bezeichnet werden. Synapsen organisieren das Gehirn, indem sie Bahnen erzeugen, die die Bereiche des Gehirns verbinden, die alles steuern, was wir tun, vom Atmen und Schlafen bis zum Denken und Fühlen. Dies ist der Kern der postnatalen Gehirnentwicklung, da sich bei der Geburt nur sehr wenige Synapsen gebildet haben. Die Synapsen, die bei der Geburt vorhanden sind, sind im Wesentlichen diejenigen, die unsere biologischen Prozesse wie Herzschlag, Atmung, Ernährung und Schlaf steuern.

Synapsen bilden sich in den ersten Lebensjahren eines Kindes in erstaunlicher Geschwindigkeit als Reaktion auf seine Erfahrungen. Die Großhirnrinde eines gesunden Kleinkindes kann auf ihrem Höhepunkt zwei Millionen Synapsen pro Sekunde bilden. Im Alter von zwei Jahren verfügt das Gehirn von Kindern über etwa 100 Billionen Synapsen - weit mehr, als sie jemals benötigen werden. Einige Synapsen werden durch die Erfahrungen des Kindes verstärkt und bleiben intakt, aber viele werden nach und nach abgestoßen. Dieser Prozess des Synapsenabbaus, der auch als Pruning bezeichnet wird, ist ein natürlicher Bestandteil der Entwicklung. Wenn Kinder in die Pubertät kommen, ist etwa die Hälfte ihrer Synapsen verloren gegangen, so dass ihnen die Zahl bleibt, die sie für den Rest ihres Lebens haben werden.

Die Pubertät und die Adoleszenz führen zu einer normalen körperlichen Reifung, aber das Gehirn ist in der Entwicklung zurückgeblieben, insbesondere in den Bereichen, die es Jugendlichen ermöglichen, logisch zu denken und zu argumentieren. Da ihre Frontallappen noch nicht ausgereift sind, handeln die meisten Teenager manchmal impulsiv und verlassen sich auf einen unteren Teil ihres Gehirns, der oft als „Bauchgefühl" bezeichnet wird. „Impulsives Verhalten, schlechte Entscheidungen und größere Risikobereitschaft sind ganz natürliche Aspekte der Pubertät. Eine weitere Veränderung während der Pubertät ist die Entwicklung und Reifung des limbischen Systems, das für unsere Gefühle zuständig ist. Da ihnen ein reiferes Gehirn fehlt, das die limbische Reaktion außer Kraft setzen kann, verlassen sich Teenager bei der Wahrnehmung von Emotionen und Reaktionen auf ihr primitiveres limbisches System.

Der Umwelteinfluss

Mit Plastizität bezeichnen Forscher die Fähigkeit des Gehirns, sich als Reaktion auf wiederholte Reize zu verändern. Der Grad der Plastizität eines Gehirns wird durch das Entwicklungsstadium und das spezifische Gehirnsystem oder die betroffene Region bestimmt. Die unteren Teile des Gehirns, die grundlegende Aktivitäten wie Atmung und Herzschlag steuern, sind weniger flexibel als der besser funktionierende Kortex, der Gedanken und Gefühle steuert. Während die Plastizität des Gehirns mit zunehmendem Alter abnimmt, bleibt eine gewisse Plastizität erhalten. Dank dieser Plastizität des Gehirns können wir bis ins Erwachsenenalter und unser ganzes Leben lang weiter lernen. Die ständigen Veränderungen des sich entwickelnden Gehirns sind sowohl auf Vererbung als auch auf Erfahrung zurückzuführen.

Unsere Gehirne bereiten uns auf bestimmte Erfahrungen vor, indem sie die für die Reaktion auf diese Ereignisse erforderlichen Bahnen schaffen. Wenn Babys andere sprechen hören, erhalten die neuronalen Systeme in ihren Gehirnen, die für Sprache und Sprechen zuständig sind, den nötigen Anreiz, sich zu organisieren und zu funktionieren (Perry, 2006). Je mehr Babys dem Sprechen anderer Menschen ausgesetzt sind, desto stärker werden ihre miteinander verbundenen Synapsen. Wenn die richtige Exposition nicht stattfindet, können die Bahnen der Erwartung aufgegeben werden. Dies wird auch als „Use it or lose it"-Gedanke bezeichnet. Unser Gehirn passt sich an die jeweilige Umgebung an, indem es Synapsen bildet, verstärkt und löscht.

Die Fähigkeit, sich an unsere Umgebung anzupassen, ist ein typisches Element der Entwicklung. Kinder, die in kalten Regionen, auf Bauernhöfen oder in großen Geschwistergruppen aufwachsen, lernen, sich an ihre Umgebung anzupassen. Alle Kinder benötigen für eine optimale Entwicklung Anregungen und Nahrung, unabhängig von ihrem allgemeinen Umfeld. Fehlen diese Elemente (z. B. wenn die Bezugspersonen eines Kindes apathisch, feindselig, depressiv oder intellektuell inkompetent sind), kann die Entwicklung des Gehirns des Kindes darunter leiden. Da sich das Gehirn an seine Umgebung anpasst, kann es sich an eine feindliche Umgebung genauso schnell anpassen wie an eine positive.

Die Myelinisierung ist ein weiterer wichtiger Schritt, der im sich entwickelnden Gehirn stattfindet. Myelin ist eine weiße, fetthaltige Substanz, die eine Hülle um reife Gehirnzellen bildet, um sie zu isolieren und den klaren Transport von

Neurotransmittern über die Synapsen zu gewährleisten. Kleine Kinder nehmen Informationen nur langsam auf, weil ihren Gehirnzellen das Myelin fehlt, das für eine schnelle und klare Übertragung von Nervenimpulsen erforderlich ist. Wie andere neuronale Wachstumsprozesse beginnt die Myelinisierung in den grundlegenden motorischen und sensorischen Bereichen des Gehirns. Danach setzt sie sich in den höherwertigen Regionen fort, die das Denken, die Erinnerungen und die Gefühle steuern. Die Erfahrungen eines Kindes beeinflussen wie andere neuronale Reifungsprozesse die Geschwindigkeit und das Wachstum der Myelinisierung, die bis ins junge Erwachsenenalter andauert.

Im Alter von drei Jahren ist das Gehirn eines Babys zu mehr als 90 Prozent seiner Erwachsenengröße herangewachsen. Das Wachstum jeder Hirnregion hängt hauptsächlich davon ab, dass sie einen Input erhält, der die Aktivität in dieser Region anregt. Diese Stimulierung legt den Grundstein für das Lernen. MRT-Studien über die Entwicklung des jugendlichen Gehirns zeigen, dass das Gehirn bis zum jungen Erwachsenenalter wächst und sich entwickelt. Es hat sich gezeigt, dass das Volumen der weißen Substanz, also des Gehirngewebes, bei Erwachsenen im Alter von dreißig Jahren zunimmt. Die Gehirne Jugendlicher haben kurz vor der Pubertät einen Entwicklungsschub, vor allem im frontalen Kortex, der für Planung, Impulskontrolle und logisches Denken zuständig ist.

Während der Pubertät durchläuft das Gehirn einen Prozess der synaptischen Beschneidung, der dem im Gehirn von Säuglingen und Kleinkindern ähnelt, und es kommt zu einer Zunahme der weißen Substanz und zu Veränderungen im

Neurotransmittersystem. Auf dem Weg vom Jugendlichen zum jungen Erwachsenen bildet das Gehirn mehr Myelin, um die Nervenfasern zu schützen und die neuronale Verarbeitung zu beschleunigen, wobei der Frontallappen am meisten Myelin erhält. MRT-Scans der Gehirne von Teenagern und jungen Erwachsenen zeigten, dass die meisten Hirnregionen identisch waren, d. h. das Gehirn von Teenagern war in Bereichen gereift, die Funktionen wie Sprache und sensorische Fähigkeiten steuern.

Die organisatorische Grundlage für die Entwicklung von Kindern ist die Gedächtnisbildung. Die Gedächtnisbildung ist ein Element der Anpassung an unsere Umgebung. Wenn wiederholte Begegnungen einen neuronalen Schaltkreis stärken, wird er kodiert und schließlich zu einer Erinnerung. Kinder lernen zu gehen, indem sie einen Fuß vor den anderen setzen. Sie lernen zu sprechen, um sich auszudrücken. Sie lernen auch, dass ein Lächeln häufig mit einem Lächeln erwidert wird. Schließlich hören sie auf, sich über diese Vorgänge Gedanken zu machen, da ihr Gehirn sie mit wenig Aufwand bewältigt, weil die von ihnen erzeugten Erinnerungen einen nahtlosen, effizienten Informationsfluss ermöglichen.

Unser Gehirn versucht, die Welt um uns herum zu verstehen und unsere Interaktionen mit ihr so zu gestalten, dass unser Überleben und hoffentlich auch unser Wachstum gefördert werden. Wenn unsere frühe Umgebung jedoch missbräuchlich oder vernachlässigend ist, kann unser Gehirn Erinnerungen an diese Erfahrungen erzeugen, die unsere Sicht auf die Welt ein Leben lang negativ beeinflussen.

Babys werden mit der Fähigkeit geboren, ein implizites Gedächtnis zu haben, was bedeutet, dass sie ihre Umgebung auf unbewusste Weise wahrnehmen und behalten können. So können sie zum Beispiel die Stimme ihrer Mutter aus einem unbewussten Gedächtnis kennen. Das explizite Gedächtnis, das im Alter von zwei Jahren beginnt, bezieht sich auf bewusste Erinnerungen im Zusammenhang mit der Sprachentwicklung. Durch den Prozess des bewussten Erinnerns können Kinder über sich selbst in der Vergangenheit und in der Zukunft sprechen. Sie können auch über sich selbst an verschiedenen Orten oder unter verschiedenen Umständen sprechen. Diese frühen impliziten Erinnerungen können einen erheblichen Einfluss auf die späteren Bindungsbeziehungen eines Kindes haben.

Kinder, die emotional vernachlässigt werden, haben möglicherweise keine expliziten Erinnerungen an ihre Erlebnisse oder können diese nicht abrufen. Sie können jedoch implizite Erinnerungen an körperliche oder emotionale Empfindungen bewahren. Diese impliziten Erinnerungen können Rückblenden, Albträume oder andere unkontrollierbare Reaktionen hervorrufen. Dies könnte bei Kleinkindern oder Neugeborenen, die vernachlässigt wurden, der Fall sein.

Gesunde Reaktionen auf gewöhnliche Stressoren im Leben (d. h. ausgezeichnete und erträgliche Stressereignisse) sind unglaublich kompliziert und können je nach individuellen und kontextuellen Faktoren wie Vererbung, dem Vorhandensein einer sensiblen und ansprechbaren Bezugsperson und früheren Erfahrungen variieren. Das sympathisch-adrenomedulläre System, das Adrenalin produziert, und das hypothalamisch-hypophysäre-adrenokortikale System, das Cortisol produziert, sind an einer gesunden Stressreaktion beteiligt. Adrenalinschübe helfen dem Körper, Energiereserven zu mobilisieren und den Blutfluss zu verändern. Ein Anstieg des Cortisols hilft dem Körper auch, Energiespeicher zu mobilisieren, bestimmte Arten von Gedächtnis zu verbessern und immunologische Reaktionen zu aktivieren. Nachdem das stressige Erlebnis vorüber ist, normalisiert sich der Hormonspiegel bei einer gesunden Stressreaktion wieder.

Der Einfluss emotionaler Vernachlässigung auf die Gehirnentwicklung

Ebenso wie positive Erfahrungen eine gesunde Entwicklung des Gehirns fördern können, können negative Erfahrungen wie Kindesmisshandlung oder andere Formen von toxischem Stress, wie häusliche Gewalt oder Naturkatastrophen, die Entwicklung des Gehirns beeinträchtigen. Dazu gehören Veränderungen in der Struktur und der chemischen Aktivität des Gehirns (z. B. verringerte Größe oder Verbindung in einigen Regionen des Gehirns und Veränderungen in der emotionalen und verhaltensmäßigen Funktion des Kindes, einschließlich Überempfindlichkeit gegenüber Stresssituationen). Zu einer gesunden Entwicklung des Gehirns gehören beispielsweise Szenarien, in denen das Lallen, die Gesten oder das Schreien von Neugeborenen konsistente, angemessene Reaktionen ihrer Bezugspersonen hervorrufen. Diese Interaktionen zwischen Bezugsperson und Kind, die auch als „Geben und Nehmen" bezeichnet werden, bauen die Gehirnverbindungen von Neugeborenen für soziale Interaktionen auf und erfüllen ihre körperlichen und emotionalen Bedürfnisse.

Wenn ein Kind in einem chaotischen oder gefährlichen Umfeld aufwächst, in dem seine Bezugspersonen nicht auf es eingegangen sind, kann sein Gehirn überempfindlich auf

Gefahren reagieren oder sich nicht vollständig entwickeln. Diese neuronalen Bahnen, die in einer schlechten Umgebung wachsen und sich verstärken, bereiten die Kinder darauf vor, in dieser Umgebung zurechtzukommen, und ihre Fähigkeit, auf Fürsorge und Freundlichkeit zu reagieren, kann eingeschränkt sein.

Die spezifischen Auswirkungen der Misshandlung können je nach Faktoren wie dem Alter des Kindes zum Zeitpunkt der Misshandlung, dem Umstand, ob die Misshandlung einmalig oder chronisch war, und der Identität des Missbrauchers variieren. Auch die Frage, ob das Kind eine verlässliche, fürsorgliche Person in seinem Leben hatte, die Art und Schwere der Misshandlung, die Intervention, die Dauer der Misshandlung und andere individuelle und umweltbedingte Merkmale können einen erheblichen Einfluss haben.

Jugendliche brauchen die Anleitung von Erwachsenen, um Bedingungen zu schaffen, die die optimale Entwicklung des Gehirns fördern, damit sie akademisch erfolgreich, sozial und emotional ausgeglichen und entwicklungsmäßig gerüstet sind, um wichtige berufliche Entscheidungen zu treffen.

Mit dem Eintritt ins Erwachsenenalter sehen sich Teenager mit mehr Freiheit, intimeren Beziehungen, komplexen und wichtigen Entscheidungen und anderen wesentlichen Veränderungen im Leben konfrontiert. Das Gehirn versucht, sich in Bezug auf die folgenden Punkte darauf vorzubereiten:

Zellen mit einer „Use It or Lose It"-Politik
Das heranwachsende Gehirn erfährt eine beträchtliche Zunahme der Zellbildung, während es sich auf die Reife vorbereitet, was dem Gehirn die Möglichkeit gibt, neue

Talente zu erwerben. Andererseits bleiben diese zusätzlichen Gehirnzellen ungenutzt und gehen schließlich ohne ausreichende Stimulation und die vergebende, fürsorgliche Anleitung eines Erwachsenen zugrunde. Dies behindert zwar nicht die künftige Entwicklung von Fähigkeiten, kann den Prozess aber erheblich verlangsamen.

Reparaturen an der neuronalen Datenautobahn

Alle Gehirnregionen sollten miteinander kommunizieren, um mehr als eine Sache gleichzeitig denken, tun oder fühlen zu können. Das Myelin, eine Schicht, die die Kommunikation auf der Nervenautobahn zwischen den Hirnregionen beschleunigt, nimmt in der Pubertät zu. Um diesem Übergang Rechnung zu tragen, wird die Produktion von Serotonin, einem stimmungsaufhellenden Hormon, reduziert, was bei Jugendlichen zu Irritationen und schlechter Laune führt.

Die Entwicklung des präfrontalen Kortex

Der präfrontale Kortex - der Teil des Gehirns, der für Impulskontrolle, Organisation, Entscheidungsfindung, Prioritätensetzung, Unterdrückung von Fehlverhalten, Erleichterung von angemessenem Verhalten, Empathie und mehr zuständig ist - wächst während der Pubertät rasch. Während sich der präfrontale Kortex entwickelt, übernimmt jedoch die Amygdala - das emotionale Zentrum des Gehirns - die Führung, was dazu führt, dass die meisten Umstände und Diskussionen eher mit dem emotionalen als mit dem rationalen Verstand wahrgenommen werden.

Diese und andere Veränderungen sind biologisch bedingt und treten unabhängig von der Vorgeschichte des Kindes auf.

Missbrauch, Trauma, Vernachlässigung, große Lebensumstände und andere frühere Erfahrungen oder Umgebungen beeinflussen die Entwicklung des Gehirns in dieser kritischen Phase. Das Gehirn nutzt vertraute Verhaltensweisen oder häufig genutzte Teile des Gehirns, um zu entscheiden, welche Bereiche während dieses geistigen „Wachstumsschubs" gestärkt und welche geschwächt werden sollen. „

Mit anderen Worten: Kinder lernen, ihre Techniken zur Befriedigung unbefriedigter Bedürfnisse zu suchen und zu entwickeln, und diese Taktiken verändern das Gehirn mit der Zeit. Wenn ein Kind zum Beispiel unterernährt ist, ist sein Gehirn damit beschäftigt, herauszufinden, wo und wie es die nächste Mahlzeit bekommen kann. Das Kind entwickelt im Laufe der Zeit die Gewohnheiten, die erforderlich sind, um diese Mahlzeit zu erhalten. Die Gehirnbereiche, die für diese Verhaltensweisen verantwortlich sind, werden gestärkt - eine evolutionäre Strategie, die sicherstellt, dass das Kind überlebt und satt wird, egal was passiert.

Nach der Aufmerksamkeit, die ihr Leben veränderte, suchte sich Anneliese einen Freund. Ihr allererster Freund, der später ihr Verlobter wurde, war ein brillanter Student, der zwei Doktorarbeiten hintereinander abschloss und die Prüfungen mit Bravour bestand. Anneliese war beeindruckt und tippte sein Promotionsbuch ab. Ihr Freund fuhr einen Porsche und war Teil der Clique der Schönen und Reichen in Innsbruck. In den Sommerferien zog sie es vor zog es vor, mit ihrem Freund drei Monate in Spanien zu verbringen statt wie geplant die Saison zuhause zu arbeiten. Das Traumleben eines Teenagers: Feiern auf einer Yacht mit Superstars. Einladungen kamen von überall her. Alle waren beeindruckt und wollten unbedingt wahrgenommen werden. Der Sarkasmus und die bestimmende Art ihres Verlobten hingegen stieß sie allerdings zusehends ab. Als sie neunzehn war, wollte er sie heiraten, aber sie sah zufällig einen jungen Mann, der per Anhalter fuhr...

Ähnlich wie das Gehirn eines Kleinkindes Fähigkeiten entwickelt, um hohen Stress zu überstehen und wach zu bleiben, verändern diese Handlungen allmählich das Gehirn: Die Bereiche, die Furcht und Angst kontrollieren, nehmen zu, um das Kind zu schützen, während die Teile, die für logisches oder kritisches Denken zuständig sind, abnehmen. Flashbacks und Schwierigkeiten beim Interpretieren oder Erkennen von emotionalen Reaktionen könnten durch einen Konflikt zwischen diesen beiden Gehirnbereichen verursacht werden. Die mit der Angst verbundenen neuronalen Bahnen werden so chronisch aktiv, dass das Gehirn dauerhafte Erinnerungen, Einstellungsänderungen und Wahrnehmungsverschiebungen erzeugt. Das bedeutet, dass die Bewältigungsmechanismen, mit denen ein Kind traumatische Erfahrungen überlebt hat, auch dann noch vorhanden sind, wenn es sich in Sicherheit gebracht hat, und dass sie zu unkontrollierbaren oder unvorhersehbaren Reaktionen auf bestimmte Auslöser führen. Dies führt auch zu Schwierigkeiten bei der Verarbeitung oder dem Verständnis von Konsequenzen und anderen potenziell problematischen Verhaltensweisen wie Horten, Schreien oder aggressiven Ausbrüchen.

„Problematische Verhaltensweisen" sind die besten Versuche des Gehirns, den Anforderungen eines Kindes gerecht zu werden, wenn es keine verlässliche Unterstützung gibt.

Die Entwicklung des Gehirns hängt von der Erfahrung ab, d. h. von den Erfahrungen, die von der Außenwelt kommen und in den Körper und das Gehirn gelangen. Wie Schädel und Gehirn aufgebaut sind, wie die Knochen und der Sinneskortex funktionieren, ist bei jedem Menschen anders. Die Welterfahrung der Mutter bestimmt, welche Schaltkreise im cortico-limbischen System des autonomen Nervensystems aktiviert werden und welche nicht. Diese Schaltkreise sind die lateralen und medialen Segmente (ANs). Diese beiden Schaltkreise, die miteinander verbunden sind, verbinden Hirnstrukturen miteinander. Der eine ist mit der rechten Hemisphäre verbunden, der andere mit der linken.

Normale Bindungserfahrungen nach der Geburt kommen nicht so oft vor, wie sie sollten, was bedeutet, dass es nicht so viele verbindende Neuronen in Ihrem Gehirn gibt, wie es sein sollte. Menschen, die zusammen aufleuchten, bleiben zusammen. Mit anderen Worten: Die Verbindung zwischen den beiden Schaltkreisen, über die wir gesprochen haben, beruht darauf, wie viel Hilfe und Aufmerksamkeit das Neugeborene erhält. Die Grundstruktur dieser Schaltkreise ist bereits im Embryo vorhanden. Wenn der Embryo mit der Außenwelt in Kontakt kommt, vervollständigt und füllt er sie aus, oder die Schaltkreise schließen sich nicht vollständig an.

Die Gene enthalten zweidimensionale Informationen darüber, wie das Gehirn organisiert sein sollte. Die Erfahrung von außen, die eine dreidimensionale Erfahrung ist, bestimmt, welche Gene exprimiert werden sollten, wie sie exprimiert werden sollten und wann sie exprimiert werden sollten.

Säuglinge haben einen genetischen Plan, der ihnen eine Vielzahl von Neuronen verleiht. Im ersten Lebensjahr eines

Babys ist das Gehirn das am wenigsten definierte Organ des Körpers. Mit anderen Worten, es gibt viele Rohstoffe im Gehirn des Babys, die durch Liebe und Aufmerksamkeit (oder deren Fehlen) verändert werden können.

Im Mutterleib hat das Kind eine enge Beziehung zu seiner biologischen Mutter. In den ersten zwei Jahren nach der Geburt hat es eine enge Beziehung zu einigen Personen, die sich um das Kind kümmern (Mutterfigur, Bezugsperson).

In den ersten beiden Lebensjahren dominiert die rechte Gehirnhälfte, danach übernimmt die linke Gehirnhälfte die Führung. Dadurch wird ein autonomes Nervensystem aufgebaut, so wie die Mutterfigur ein autonomes Nervensystem aufbaut. Das Neugeborene zieht es vor, sich mit einem reifen Gehirn zu arrangieren, aber es wird sich an alles anpassen, was passiert. Auf diese Weise lernt das Kind, seine Gefühle selbst zu steuern.

Längerer Körperkontakt (SSC, sustained skin contact) mit der mütterlichen Bezugsperson hilft, die Bindung zu sichern, reguliert die Körpertemperatur des Säuglings und verbessert die Verdauung, Aufnahme und Ausscheidung. Dies ist besonders wichtig für untergewichtige Säuglinge.

So wichtig wie die Entwicklung des Gehirns ist zu diesem Zeitpunkt auch die des Herzens. Das Herz eines Neugeborenen hat drei Hohlräume. Es dauert ein Jahr oder länger, bis das Herz zu einem Organ mit vier Hohlräumen heranwächst, aber das Warten lohnt sich! Wie das Gehirn wird auch das Herz durch die Zuneigung und Zärtlichkeit der Mutter beeinflusst.

Die Regulationstheorie basiert auf der Idee der Bindung.

Bindung ist ein natürlicher und instinktiver Prozess des Gebens und Empfangens von Zuneigung. Er führt dazu, dass das Kind seiner Mutter oder seiner Bezugsperson nahe sein möchte, um ihr seine Liebe zu zeigen und eine Beziehung gegenseitiger Liebe aufzubauen.

Sie erhöht die Wahrscheinlichkeit, dass das Baby überlebt: Nähe bedeutet in den ersten drei Monaten Schutz, und das Herz und das Gehirn der Mutter verarbeiten die Gefühle des Kindes. Auf die gleiche Weise kann das Gehirn des Babys die komplexeren emotionalen Zustände der Betreuungsperson verarbeiten. Wenn die Person, die sich um das Neugeborene kümmert, sehr jung ist oder viele unkontrollierte Emotionen hat, wie z. B. Depressionen, ist das Kind möglicherweise nicht in der Lage, in der Zukunft unabhängig zu sein oder gute soziale Beziehungen zu haben. Einige Forscher haben gesagt, dass dies auf einen Mangel an Liebesfähigkeit zurückzuführen ist.

Die beiden Gehirne (rechte Hemisphären), die beiden Herzen und die beiden Körper verarbeiten den Stress oder das Glück der anderen Person. Dieser Prozess, der in beide Richtungen geht, wird „Resonanz" genannt. „Die Sinne des Tastsinns, des Sehens, des Hörens und des Riechens sind die ersten Dinge, die bei diesem Prozess berücksichtigt werden. Die Unterstützung und Beruhigung der Mutter (oder der Betreuungsperson) ist sehr wichtig, da dies dazu beiträgt, dass das Gehirn, der Blutdruck und das Herz-Kreislauf-System des Babys stabil bleiben. Dies hilft auch der Mutter, ruhig zu bleiben. Diese beiden Arten der Selbstregulierung werden zu diesem Zeitpunkt im Leben des Kindes erlernt. Bei der ersten geht es natürlich um die Beziehung zu anderen Menschen. Eine andere Art der Selbstregulierung, die das Neugeborene gleichzeitig lernt, bezieht sich auf die Autonomie. Die Menschen, die sich um sie kümmern, lernen, sie in Ruhe zu lassen, um ihre Unabhängigkeit zu erhöhen. Es folgt die innere Welt, die sich in den ersten sechs Lebensjahren stark verändert.

Das nennt man „Prägung", und sie geschieht sowohl in der Amygdala, dem Teil des Gehirns, der die Angst kontrolliert, als auch im Herzen, das hauptsächlich aus geeigneten Hemisphärenzellen besteht, die für das Herz und andere Teile des Körpers wichtig sind. Erinnern Sie sich in der Zukunft und verhalten Sie sich so, wie Sie es als Kind getan haben. Viele Leute nennen das die „Erwartungstheorie". „Gesichter, Handgesten, Tonfall und Körperbewegungen der Mutter (oder der Betreuungsperson) werden vom Baby gelesen und entsprechend beantwortet, mit dem Ziel, das zu bekommen, was es will.

Sobald man sprechen kann, beginnt man, wesentliche Beziehungen zu haben. Es gibt keine Möglichkeit, sich an dieses implizite Gedächtnis zu erinnern, so dass es sich später in meist unbewussten Handlungen zeigt, z. B. wenn Menschen projizieren und Schuldzuweisungen vornehmen („Du hast mir das angetan", „Du bist schuld" usw.).

Wenn sich jemand um ein Neugeborenes kümmert, ist es wahrscheinlich, dass er die Grenzen des Babys überschreitet, denn niemand von uns ist perfekt, und eine perfekte Mutter gibt es nicht. Eine Mutter kann nur „gut genug" sein. „Bei einem sicheren Bindungsstil geht es vor allem darum, wie die Mutter das Problem ehrlich und demütig lösen kann, z. B. indem sie sich entschuldigt, anstatt zu versuchen, weiterzumachen, wenn die Kommunikation gestört ist. Das gilt für das ganze Leben.

Es muss seiner Mutter durch sein Verhalten, seine Stimme und seine Gesten zeigen, wie es sich fühlt, denn ein Neugeborenes kann anfangs noch nicht selbständig denken. Es ist unbedingt notwendig, auf diese emotionalen Äußerungen einzugehen und angemessen darauf zu reagieren. Andernfalls werden diese nonverbalen Merkmale übertrieben und setzen sich im Laufe des Lebens in einer Weise fort, die den eigenen Bedürfnissen nicht.

Die meisten Babys haben eine starke Bindung zu einigen wenigen Menschen, wenn sie noch sehr jung sind. Dies geschieht in den ersten 7-18 Monaten nach der Geburt. Es braucht mehrere Erfahrungen, um die Physiologie des Gehirns, des Herzens und des Körpers so zu entwickeln, dass sie automatisch auf äußere Reize reagieren.

Kurz gesagt, geht es beim Bindungsstil darum, wie das Verhalten, die Gehirnfunktion, die Herz-Kreislauf-Entwicklung und die körperliche Entwicklung des Kindes organisiert sind. Diese Veränderungen schaffen die Voraussetzungen für ein Gleichgewicht zwischen Selbstregulierung der Autonomie in der Zukunft und Selbstregulierung der Beziehungen im Leben.

Der sichere Anhang

Die Eltern sind ein sicherer Ort und eine Basis. Sie sind sensibel für die Signale des Kindes, sie sind emotional verfügbar und reagieren gut auf ihr Kind, und sie können viele, aber nicht alle Bedürfnisse des Kindes erkennen.

Sie gehen sehr gut auf seine Bedürfnisse ein, und die Interaktionen sind kooperativ und harmonisch (Worte, Gesten, Mimik sind im Einklang mit denen des Kindes).

Wenn die Person älter ist, kann sie unter normalen Bedingungen stabil bleiben, sich selbst regulieren und sich bewusst sein, wenn sie wütend ist. Sie können auch verschiedene innere Entscheidungen treffen, um die richtige Reaktion zu finden. Die Reaktion steht im Einklang mit dem Stimulus.

Erwartung: Die meiste Zeit über werden die Welt und andere Menschen in der Lage sein, meine Bedürfnisse zu erfüllen.

Krankhafte Bindung

Die Eltern verhalten sich emotional distanziert und zeigen Vernachlässigung und Verweigerung. Sie sind emotional nicht verfügbar, sind nicht sehr sensibel für den psychischen Zustand des Kindes, übersehen Bitten um Hilfe und helfen nicht, wenn sie nicht funktionieren. Sie sind wenig harmonisch mit den emotionalen Äußerungen des Kindes (z. B. stimmt bei Erwachsenen die Sprache nicht mit dem Gesichtsausdruck überein).

Ältere Menschen, die in einem solchen Umfeld aufgewachsen sind, neigen eher zu Kampf-oder-Flucht-Zuständen und Panikattacken. Chronische Unterbrechung der wechselseitigen Funktion der ANs - sowohl das sympathische als auch das parasympathische System sind oft überlastet, ohne dass sie es immer wissen.

Erwartung: Kommunikation ist sinnlos, mit wenig Vertrauen in den Erfolg und einer geringeren Suche nach Nähe, mit einer größeren Distanz zu anderen und zu sich selbst. Vergewissern Sie sich, dass Sie wissen, wie man aufgibt und aufhört zu handeln (zumindest an der Oberfläche).

Die Eltern sind nicht sehr verfügbar, sensibel, einfühlsam oder praktisch. Sie sind auch ambivalent, was ihre Beziehung zu ihrem Kind angeht. Eltern können manchmal aufdringlich sein (wenn auch nicht generell feindselig). Weil sie zu sehr in ihre Gedanken vertieft sind, sehen sie nicht, wie wichtig es für ihr Kind ist, das zu haben, was es braucht ... *so wie es für Anneliese war. Ihre Mutter hatte bereits so viel zu tun, dass sie nicht daran dachte, dass ihr Neugeborenes Aufmerksamkeit brauchte, und sie bemerkte nicht, wie sich die emotionale Vernachlässigung auf die Beziehung und die schulischen Leistungen ihrer Tochter auswirkte.*

Im späteren Leben wird das autonome Nervensystem des Körpers so eingestellt, dass es sich eher in einem Alarmzustand oder in Angstzuständen befindet - in Zeiten, in denen die ANs nicht verbunden sind. Das Leben wird als unvorhersehbar und unsicher empfunden, und es besteht die Tendenz, sich auf die schlechten Seiten zu konzentrieren.

Wie können wir reagieren?
Jugendliche brauchen eine Beziehung, um sich von einem Trauma zu erholen und die mit der Pubertät einhergehenden Veränderungen zu bewältigen, aber es ist nicht immer einfach, eine Beziehung aufzubauen. Alles, was für ein traumatisiertes Gehirn neu oder unerwartet ist, kann sich wie eine Strafe

anfühlen. Daher fühlen sich Vorschriften oder schützende Maßnahmen wie Strafen an, und Menschen, die sich um Sicherheit und Vertrauen bemühen, werden als Straftäter wahrgenommen.

Dieser angeborene Mangel an Vertrauen kann in Verbindung mit der Schwierigkeit, Kontakte zu knüpfen, und den emotionalen Schwankungen, die mit dem Erwachsenwerden einhergehen, schnell zu einem schlechten Familienkreislauf führen. Stellen Sie sich das folgende Szenario vor: Ein Teenager geht über die Sperrstunde hinaus und weiß nicht, dass er deshalb Hausarrest bekommt (obwohl Sie diese Regel immer wieder wiederholt haben). Wenn Sie ihm dann Hausarrest geben, ist der Teenager verängstigt, wütend und verwirrt - er interpretiert Ihre Strafe als Gefahr für die Sicherheit, die er sich aufgebaut hat. Sie reagieren verbal aggressiv, weil sie diese überwältigenden Gefühle nicht ausdrücken können, und Sie, erschöpft, verärgert und überfordert, reagieren mit Wut.

Sie können sich vorstellen, wie schnell dieses Szenario außer Kontrolle geraten und sich zu einem Teufelskreis entwickeln kann, der Eltern und Jugendliche gegeneinander ausspielt.

Wenn Sie mehr darüber erfahren, wie sich Trauma und Pubertät auf das Gehirn eines Teenagers auswirken, können Sie einen effektiveren und verständnisvolleren Erziehungsansatz entwickeln, der verhindert, dass der Kreislauf überhaupt erst beginnt. Genauer gesagt:

Nur eingreifen, wenn es nötig ist
Nicht jeder Krieg ist es wert. Unabhängig von früheren Traumata, Behinderungen oder anderen ungünstigen Erfahrungen

können Teenager in ihrem Bestreben, unabhängig zu werden und sich selbst zu erforschen, für Eltern schwierig sein. Es ist verlockend für Eltern, jedes potenziell problematische Verhalten korrigieren zu wollen.

Bevor Sie jedoch versuchen, etwas zu „korrigieren", sollten Sie darüber nachdenken, ob dieses Eingreifen notwendig ist, und entscheiden, ob es eine Gelegenheit ist, zu lernen oder eine bessere Bindung aufzubauen, wenn das Verhalten nicht unsicher ist. Wird ein Eingreifen jetzt verhindern, dass sich später ein größeres Problem entwickelt? Haben Sie die nötige Geduld, um mit diesem Szenario effektiv umzugehen?

Denken Sie daran, dass Sie Ihrem Kind das Rüstzeug geben, um höflich, mitfühlend, kreativ und respektvoll zu sein. Sie müssen denken, dass diese Werkzeuge manchmal ausreichen!

Gehen Sie dagegen nicht davon aus, dass ein ruhiger, wohlerzogener Teenager keine Hilfe oder Intervention braucht - Gehorsam bedeutet nicht immer Verbesserung oder Heilung, und Ihr Kind hat vielleicht mehr Probleme, als Sie denken.

Verbindungen zur obersten Priorität machen
Wenn Sie entscheiden, dass es an der Zeit ist, einzugreifen, müssen Sie über den Tellerrand hinausschauen. Jugendliche, die ein Trauma erlebt haben, sind nicht unbedingt ängstlich oder in der Lage, strafende Konsequenzen zu verkraften, weil sie Ursache und Wirkung nicht miteinander in Verbindung bringen können und bereits einen großen Verlust in ihrem Leben erlitten haben. Anders ausgedrückt: Die „Drohung", Geräte, Zeit mit Freunden und andere Privilegien zu verlieren,

ist keine angemessene Reaktion auf das Verhalten eines Teenagers und kann das Kind sogar erneut traumatisieren. Manche Teenager haben Angst, ihren Stolz zu verlieren, was bedeutet, dass Strafen, Konflikte und Unterlassungserklärungen die Situation noch verschlimmern.

Machen Sie sich bewusst, dass die wirksamste Intervention für Teenager eine tiefere Verbindung herstellt und den Teenagern hilft, die Tiefe Ihrer Liebe zu ihnen zu verstehen, während Sie ihnen gleichzeitig die Möglichkeit geben, aus ihren Fehlern und Irrtümern zu lernen.

Das Ergebnis sind Konsequenzen, bei denen es um den Aufbau von Beziehungen geht. Anstelle einer „Auszeit" oder eines „Hausarrests", der Kinder von ihren Familien trennt, sollten Strafen in Familienzeit umgewandelt werden. Spaziergänge, Fahrradtouren, Verabredungen zum Essen oder andere „Abenteuer" mit Eltern, Großeltern oder Geschwistern sind zwar für viele Teenager nicht die ideale Art, ihren Samstag zu verbringen, aber sie bieten eine praktische Konsequenz für negatives Verhalten und schaffen gleichzeitig Verbindungen und vermitteln, dass Sie immer in ihrem Leben sein werden, egal was sie tun.

Viele Eltern glauben, dass der Beitritt zu einer Sportmannschaft oder das Zusammensein mit Freunden eine hervorragende Möglichkeit ist, gutes Verhalten zu fördern. Stattdessen handelt es sich dabei um wirksame Strategien zur Förderung von Verbundenheit und Heilung und um ein positives Beispiel zu geben! Erlauben Sie Ihren Kindern, an außerschulischen Aktivitäten teilzunehmen. Machen Sie Ihr Haus zu einem Ort, an dem andere gerne zu Besuch kommen.

Suchen Sie nach Möglichkeiten für Teenager, anderen zu helfen, indem sie sich ehrenamtlich engagieren oder ein Haustier versorgen. Finden Sie Methoden, mit denen Ihr Teenager lachen, spielen, tanzen, singen und sich bewegen kann - all diese Aktivitäten helfen Jugendlichen, ein Gefühl der Zugehörigkeit, des Selbstwerts und des Selbstbewusstseins auf der grundlegendsten Ebene aufzubauen. Gemeinsam Spaß zu haben, ist die eigentliche Aufgabe von Eltern und Kindern.

Je älter ein Kind wird, desto mehr wird es von der Gesellschaft für seine Handlungen verantwortlich gemacht, was bedeutet, dass Eltern und Betreuer weniger Einfluss auf die Konsequenzen haben, die ein Jugendlicher in der Außenwelt zu tragen hat. Wenn ein junger Erwachsener stiehlt, kann er strafrechtlich belangt werden. Sie können von der Schule verwiesen werden, wenn sie eine Klasse nicht bestehen. Denken Sie daran, dass es in diesen Fällen Ihr Ziel ist, Ihrem Teenager zu vermitteln, dass Sie ihn bedingungslos lieben, egal was er tut.

Als Gruppe zusammenarbeiten

Ihre Beziehung ist eine Zusammenarbeit, und Ihr Kind sollte als aktiver Teilnehmer an seiner Genesung behandelt werden - denn das ist es auch! Beziehen Sie Ihr Kind in den Entscheidungsprozess mit ein, indem Sie ihm die Wahl lassen (lassen Sie es zwischen zwei oder mehr Optionen wählen, die Sie vorher genehmigt haben).

Geben Sie ihnen die Worte und den Raum, den sie brauchen, um sich an dieser Verbindung zu beteiligen. Da Trauma und Pubertät die „denkenden" und „fühlenden" Teile des Gehirns voneinander trennen können, kann es für Teenager schwierig sein, Worte zu finden, um ihre Stimmungen oder Erfahrungen zu beschreiben. Infolgedessen werden Verhaltensweisen zum primären Mittel, um Gefühle auszudrücken, und trotziges Verhalten ist einfach eine Möglichkeit, einen Umstand zu verarbeiten. Anstatt zu fragen, warum etwas passiert, sollten Sie einen Schritt zurücktreten und den Jugendlichen bitten, Ihnen zu sagen, was seiner *Meinung nach* passiert ist. Erkundigen Sie sich nach den Bedürfnissen des Kindes, wie es sich im Moment fühlt und welche Alternativen es für das nächste Mal hätte, wenn etwas Ähnliches passiert. Passen Sie sich dem Tempo des Kindes an, halten Sie inne und treten Sie einen Schritt zurück, wenn es überwältigt wirkt oder sich unwohl fühlt. Vermeiden Sie es, diese Gespräche in einer aufdringlichen Umgebung oder in der Hitze des Gefechts zu führen, wo sich ein Jugendlicher unter Druck gesetzt fühlen könnte, das Schweigen zu überbrücken oder Blickkontakt herzustellen. Warten Sie stattdessen, bis Sie beide Zeit hatten, Ihre unmittelbaren Emotionen zu verarbeiten, und ziehen Sie in Erwägung, das Gespräch während einer körperlichen Aktivität wie einem Spaziergang um den Block, während eines Basketballspiels oder auf der Fahrt zum Abendessen zu beginnen.

Lassen Sie Ihren Teenager lernen, sich zu kümmern und zuzuhören, indem Sie ihm Ihre Gefühle mitteilen. Es mag zwar seltsam erscheinen, vor Ihrem Kind zu weinen oder ihm zu erklären, wie Sie sich fühlen, aber so können Sie ihm zeigen, wie sehr Sie sich um es sorgen. Dies ist ein entscheidender Ansatz, um Vertrauen zu zeigen, aber auch ein notwendiger Schritt im Prozess des Aufbaus einer Beziehung. Und schließlich sollten

Sie bedenken, dass jede Partnerschaft einen gleichberechtigten Austausch von Waren und Dienstleistungen voraussetzt.

Teenager bemühen sich sehr, sich selbst zu verstehen - ihre Gedanken, ihren Körper, ihr Verhalten und ihre Erzählungen -, während sie enorme körperliche und entwicklungsbedingte Veränderungen durchlaufen. Durch einen familienzentrierten Erziehungsansatz wird nicht nur der negative und ineffiziente familiäre Kreislauf von Aktion, Reaktion und Bestrafung unterbrochen, sondern auch sichergestellt, dass sie Ihnen ihre Geschichten, Erfahrungen und ihren Genesungsweg anvertrauen können.

Das ist schwierig: Wenn Sie Ihrer Beziehung Priorität einräumen wollen, müssen Sie regelmäßig auf Ihr Kind zugehen, konsequent bleiben und für es da sein, wenn es schwierig wird. Dies ist eine natürliche, praktische und langfristige Anstrengung, aber es ist alles Teil einer lebenslangen Verpflichtung, dem Kind zu helfen, Bindung und Vertrauen zu lernen, damit es eines Tages die gleiche Fürsorge für den Rest der Welt aufbringen kann. Wenn die Dinge schwierig werden, denken Sie daran, dass Liebe sowohl ein Verb als auch ein Substantiv ist.

Celebrity married with ski racer

Press Ski_Ann_Hansi

Anneliese with Udo Jürgens_famous singer

Hansi RACER_sportfoto

nneliese in Mexico on invitation of President

Press Anneliese_Hansi Strand

Anneliese_Hansi_Wintercoats

Press Hansi_Anneliese close up

Anneliese with Hansi_black_white in Restaurant

Press_Racing Anneliese_Hansi

Celebrity married with ski racer

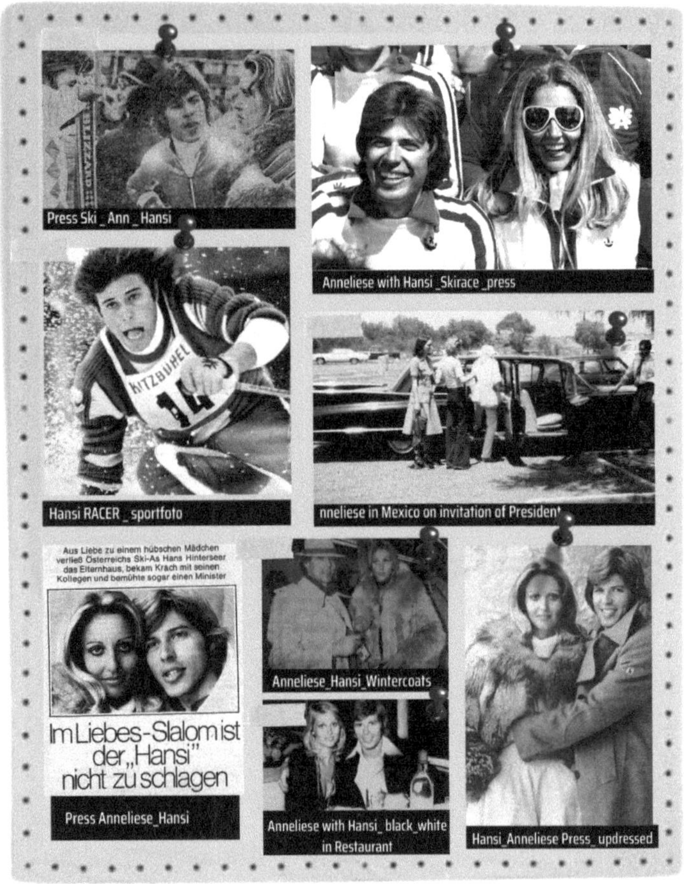

Celebrity married with ski racer

Anneliese in Marbella Club Prince Hohenlohe _Roberto Blanco Singer

Anneliese in Vienna with Celebrities

Anneliese with Hans_Rosmarie_ Partying

Anneliese with Prince Hohenlohe and Karin Aleman wife of President of Mexico

Anneliese in Marbella Club_Prince Hohenlohe

Press Anneliese with Udo_Hansi

Anneliese with Udo Jürgens_famous songwriter_singer

Hansi Hochzeit 2

My-mindguide.com

Annel-Papst
Anneliese with Björn Borg_TennisChamp
Anneliese with 16 first trip on the see
Anneliese in BIKINI
Convention with
Anneliese _Wimbledon
Anneliese mit IAN
ancing with Björn Borg
Anneliese with Franz
Beckenbauer_world soccer
Anneliese with Franz
Beckenbauer_Football star

Celebrity life in London
"International Sport"

Anneliese in Front of Mellon House_owned

Dancing with Björn Borg

Press horse racing m. Ian

Anneliese with Kurt and Filmstars

ANNELIESE WITH Jackey Haire_Banker

Anneliese und Mark lachen. Alles sieht beinah so aus wie ein Flirt. In diesem Moment blickte Prinzessin Anne zu ihrem Mann hinüber . . .

Press - flirting with Prince marc Philipp_

Press - Anneliese in Kings Loge

Anneliese with Prince Philipp_husband Princess Anner

My-mindguide.com

Kapitel 7

Wie man als Elternteil, der emotional vernachlässigt wurde, heilt

Nach so vielen Jahren, in denen sie emotional litt und sich nach Aufmerksamkeit sehnte, bekam Anneliese endlich die ganze Aufmerksamkeit des Lebensstils, den sie gewählt hatte. Im Nachhinein stellte sie fest, dass es viele Gemeinsamkeiten zwischen ihrem Freund und ihr gab. Seine Mutter hatte ihn nach der Geburt verlassen, und sein Vater war wieder verheiratet und hatte eher eine Trainer- als eine Vaterrolle inne. Also wurde er von seiner Tante in den Bergen aufgezogen und fuhr mit Skiern zur Schule. Das war alles, was Anneliese dachte, was sie brauchte - einen Mann, der eine ähnliche Erfahrung wie sie gemacht hatte. Sie glaubte, dass sie einander verstehen würden, weil sie aus der gleichen Situation kamen, aber Anneliese dachte nie daran, zu heilen. Also gingen zwei gebrochene Menschen eine Beziehung ein, während sie ihre Verletzungen in den dunkelsten Ecken ihrer Herzen versteckten und so taten, als ob alles gut wäre.

Da sie beide jemanden brauchten, der sie verstand, heirateten sie jung. Anneliese war zwanzig, ihr Mann einundzwanzig, und wieder einmal stieg sie in das grelle Scheinwerferlicht des Lebens, die Frau eines Stars und olympischen Rennfahrers zu sein. Sie begleitete ihn zu Rennen, nahm aber auch aus Langeweile Unterrichtstunden und machte Party in Wien und Ibiza.

Berühmtheiten, Partys, Urlaube an exotischen Orten, Rennwagen, Kleidung von Cloe - Anneliese schien ihr bestes Leben zu leben, aber ein kaltes Herz ist kein gutes Fundament, aus dem Gold werden kann.

Bald trat ein Top-Manager des Sports in ihr Leben. Er war ein Golfer, Skifahrer, Anwalt und Geschäftsmann. Er war Engländer, der Sohn einer wohlhabenden Geschäftsfamilie, mit einer Großmutter, die ein Schloss in Schottland besaß. Er hatte viele Freundschaften und Verbindungen in der ganzen Welt. Dieser Engländer überredete Anneliese, ihren Traummann aufzugeben und ihn nach London zu begleiten.

Es schien, als wäre ein Märchen wahr geworden: eine Hochzeit in der Church of England, Opernstars, ein Rolls Royce, Harrods, eine Villa in Belgravia,London Reisen an die schönsten Orte der Welt – immer Business oder First, natürlich, berühmte Sportler - Mohammed Ali, Björn Borg und so weiter. Sie saß in dem Wimbledon neben Prinzessin Ann und Marc Philipp.

Sie war eine goldene Göttin - wunderschön, klug, sprachgewandt, und das Kristall auf dem Tisch. Sie wurde als die „österreichische Prinzessin" verehrt.

Alles schien einfach perfekt zu sein. Anneliese war die Fitness Queen von London, trainiert von Stars, und Jean Claude Killy ließ sie einfliegen, um in Genf Privatunterricht zu geben. Was konnte man sich noch wünschen?

Gold, Glitzer, Glamour, Drinks, Engelsstaub und ein bisschen Gras. Die erstklassigen Clubs, das zweite Zuhause, Tanzen bis zum Morgengrauen und in einer Luxuskarosse nach Hause gefahren werden.

Ihr Mann kaufte die größte Villa in Kitzbühel, und sie war die brillante Gastgeberin der Celebrities, aber all das waren nur goldene Masken...

Irgendwo tief in ihrem Inneren weinte das Kind nach mehr.

Wenn ein Elternteil sein Kind emotional vernachlässigt, liegt das meist daran, dass er selbst vernachlässigt wurde und daher nicht wusste, wie er mit der emotionalen Liebe seines Kindes umgehen sollte. Solche Eltern überhäufen ihre Kinder mit materiellen Dingen, aber nicht mit Liebe - nicht, weil sie es nicht wollen, sondern weil sie es entweder nicht für nötig halten oder nicht wissen, wie es geht. Ihre Herzen sind kalt, weil ihre Eltern sie auch so erzogen haben.

Ihr Unterbewusstsein ist der Ort, an dem sich Ihr inneres Kind befindet. Es ist eine Facette Ihrer Persönlichkeit, die in der frühen Kindheit entstand, als Sie ein aufgewecktes, verspieltes, neugieriges Individuum waren, das auch emotional sensibel und zerbrechlich war. Tief im Innern wollen auch diese Eltern geliebt werden, und obwohl sie jetzt Erwachsene und Eltern sind, leben sie immer noch in ihrem Unterbewusstsein.

Lob und Ermutigung nähren das Selbstwertgefühl des inneren Kindes und helfen ihm, ein positives Selbstbild zu entwickeln. Trauma, Vernachlässigung, Verlassenheit und Missbrauch (emotional, körperlich oder sexuell) verletzen das innere Kind, das sehr leidet und ein zerrüttetes Selbstwertgefühl widerspiegelt. Wenn Bewältigungsmechanismen, die zum Schutz eines Kindes entwickelt wurden, bis ins Erwachsenenalter fortbestehen, behindern sie das Erreichen von Zielen und Träumen und die Fähigkeit, ein gesundes, erfülltes Leben zu führen.

Die Hypnose des inneren Kindes ist eine therapeutische Technik, die einen sehr entspannten und konzentrierten Zustand herbeiführt, in dem das Unterbewusstsein leicht zugänglich ist. Das Unterbewusstsein ist empfänglich für die Strategien und Empfehlungen, die zur Heilung des inneren Kindes, zur Schaffung einer positiven Denkweise und zur Förderung des konstruktiven Verhaltens, das in diesem Zustand erforderlich ist, bereitgestellt werden.

Heilende Hypnose für das innere Kind

Bei der Hypnose des inneren Kindes kommen verschiedene Methoden und Verfahren zum Einsatz, die Ihnen helfen, mit Ihrem inneren Kind in Kontakt zu treten, mit ihm zu sprechen, es zu beruhigen, zu unterstützen, zu ermutigen und zu heilen. Erwachsene, die ihre Selbstachtung, ihr Selbstvertrauen, ihren Selbstwert und ihre Selbstakzeptanz stärken wollen, können von einer Hypnotherapie zur Heilung ihres inneren Kindes profitieren. Sie kann Ihnen dabei helfen, selbstzerstörerische Verhaltensweisen zu überwinden, die Ihr inneres Kind übernommen hat, um mit dem Missbrauch und der Störung in Ihrem Elternhaus als Jugendlicher fertig zu werden. Um diese Ziele zu erreichen, ist Ihre volle Mitarbeit erforderlich. Sie müssen den starken Wunsch haben, sich zu heilen und zu verändern. Sie müssen bereit sein, daran zu glauben, dass Sie sich heilen und verändern können, und Sie müssen bereit sein, die angebotenen Hilfsmittel und Verfahren anzuwenden.

Der bewusste kognitive Diskurs ist ein Teil des therapeutischen Prozesses. Der Therapeut befragt die Klienten, um ein grundlegendes Gefühl für ihre Kindheit und ihre Herkunftsfamilie zu bekommen. Darüber hinaus zeigt er spezifische Kindheitstraumata auf, die sie verletzt haben, und erfährt, wie sie versucht haben, damit umzugehen und welche selbstzerstörerischen Gewohnheiten sie als Erwachsene behindert haben.

Eine Erklärung, was Hypnose ist, wie sie sich anfühlt, wie sie funktioniert usw., hilft dem Klienten, seine Ängste, Befürchtungen und Bedenken bezüglich des Verfahrens loszulassen. Es werden Techniken angewandt, um den hypnotischen Zustand zu vertiefen, die Entspannung zu verbessern und das Selbstwertgefühl und das Selbstvertrauen zu stärken.

Der Therapeut verwendet eine Reihe von hypnotischen Suggestionen, Visualisierungen und anderen Techniken, um während der Behandlung Zugang zum inneren Kind des Klienten zu finden und mit ihm in Kontakt zu treten und einschränkende Überzeugungen und negative Emotionen durch positive Gedanken, Einstellungen und ermutigende Überzeugungen zu ersetzen. Positive Bewältigungsfähigkeiten, die ihnen helfen, ihre Ziele zu erreichen und schlechte Gewohnheiten abzulegen, werden in ihr Unterbewusstsein eingepflanzt und fördern die Selbstliebe anstelle von Selbstsabotage.

Manchmal trifft der Klient in einem Hypnogramm auf sein inneres Kind. Dabei werden traumatische Kindheitserinnerungen erneut durchlebt, aber diesmal mit der Unterstützung des Therapeuten, der als unterstützendes System eingreift und das Kind schützt und beruhigt, während es sich gegen sein Trauma wehrt. In anderen Fällen führt der Klient mit dem inneren Kind lustige geführte Imaginationen durch, um eine gute Bindung aufzubauen, die es ihm ermöglicht, seine Identität als Erwachsener zu akzeptieren, sich neuen Denkweisen zu öffnen, Herausforderungen zu bewältigen und Ziele zu erreichen.

Das innere Kind heilen: Ein hypnotherapeutischer Behandlungsplan

Die allgemeine Methode, die in jeder Phase der Heilung angewandt wird, ist die folgende:

Durch kognitives Erforschen herausfinden, was den Kummer des inneren Kindes verursacht

- Ursprüngliche Familie
- Traumatische Kindheitserlebnisse
- Mechanismen des Kopierens in der Kindheit
- Negative Folgen
- Auslöser, die den Schmerz wieder zum Vorschein bringen
- Negative Selbstgespräche

Einen hypnotherapeutischen Plan erstellen
- Bestimmen Sie den primären Modus der Suggestibilität des Klienten
- Erläuterung der Grundlagen der Hypnotherapie

Einen hypnotischen Zustand herstellen und aufrechterhalten
- Verwenden Sie therapeutische Strategien, um Ihre Ziele zu erreichen
- Verfolgen Sie die Fortschritte des Kunden bei der Erreichung seiner Ziele
- Überdenken Sie Ihren Behandlungsplan (falls erforderlich)
- Setzen Sie den neuen Ansatz in die Tat um

Mit diesem Ansatz werden Sie von innen heraus geheilt.

Kind-Hypnose-Techniken und -Tools für das innere Kind
Einige der Werkzeuge und Verfahren, die in der Hypnotherapie des inneren Kindes eingesetzt werden, sind:

- Konzentrierte Zwerchfellatmung
- Identifizierung des Zustands der Ressource
- Entspannungsübungen
- Suggestion nach Hypnose
- Induktion der Treppe
- Visualisierung des Selbstwertgefühls
- Technik der emotionalen Freiheit für den interaktiven Aufbau des Selbstwertgefühls
- Kreislauftherapie
- Das eigene Ego stärken
- Bildsprache mit einem Führer

- Arbeiten Sie mit Ihrem inneren Kind
- Desensibilisierung gegenüber negativen Auslösern
- Wiederbelebung von positiven Erinnerungen
- Positive Assoziation von Auslösern
- Umleitung von negativen Selbstgesprächen

Eine positive Selbstermächtigung kann auch die Heilung erleichtern:

Teile deine Liebe mit
Menschliche Berührung und liebevolles Mitgefühl sind für eine gesunde emotionale und neurologische Entwicklung in allen Lebensphasen erforderlich. Es ist wichtig, dass Sie Ihr Kind mehrmals am Tag sanft und liebevoll berühren (umarmen). Jede Kommunikation mit Ihrem Kind sollte als eine Gelegenheit gesehen werden, mit ihm in Kontakt zu treten. Begrüßen Sie es mit einer freundlichen Miene, halten Sie Augenkontakt, lächeln Sie und fördern Sie einen offenen Dialog.

Sagen Sie häufig „Ich liebe dich"
Wir gehen oft davon aus, dass es selbstverständlich ist, dass wir unsere Kinder lieben, aber es ist wichtig, ihnen das jeden Tag zu sagen, egal wie alt sie sind. Selbst wenn sich Ihr Kind schwierig verhält oder etwas tut, was Ihnen nicht gefällt, ist dies der perfekte Zeitpunkt, um ihm zu versichern, dass Sie es ganz und gar lieben. Ein einfaches „Ich liebe dich" kann einen großen Einfluss auf die langfristige Beziehung zu Ihrem Kind haben.

Regeln, Grenzen und Konsequenzen aufstellen
Wenn Kinder wachsen und etwas über die Welt um sie herum lernen, brauchen sie eine Struktur und einen Lehrer, der ihnen

hilft. Sie sollten mit Ihren Kindern darüber sprechen, was sie tun sollen, damit sie wissen, was Sie meinen. Für Regelverstöße sollten altersgemäße Konsequenzen vorgesehen werden, und sie sollten immer zur gleichen Zeit und am gleichen Ort stattfinden.

Aufmerksamkeit und Einfühlungsvermögen

Zuhören ist der erste Schritt, um eine Verbindung herzustellen. Erkennen Sie die Gefühle Ihres Kindes, zeigen Sie ihm, dass Sie es verstehen, und versichern Sie ihm, dass Sie ihm bei allem, was es braucht, zur Seite stehen. Betrachten Sie die Dinge aus dem Blickwinkel Ihres Kindes. Indem Sie Ihrem Kind zuhören und sich in es hineinversetzen, können Sie beginnen, gegenseitigen Respekt aufzubauen.

Ermutigen Sie Ihr Kind, mit seinen Freunden zu spielen

Die Bedeutung des Spiels für die Entwicklung eines Kindes kann gar nicht hoch genug eingeschätzt werden. Junge Menschen nutzen dieses Instrument, um ihre Sprachkenntnisse zu verbessern, ihre Gefühle auszudrücken, ihre Kreativität zu fördern und zu lernen, sozialer zu werden. Es ist auch eine gute Möglichkeit, die Beziehung zu Ihrem Kind zu stärken. Das Spiel spielt keine Rolle. Sorgen Sie dafür, dass Sie Ihre gemeinsame Zeit genauso genießen wie die Aufmerksamkeit Ihres Kindes, dann wird Ihnen das auch gelingen.

Seien Sie zulänglich und frei schenken sie Aufmerksamkeit

Wenn Sie sich täglich nur zehn Minuten Zeit nehmen, um mit Ihrem Kind zu sprechen, ohne es zu unterbrechen, kann das viel dazu beitragen, dass es gute Kommunikationsfähigkeiten erlernt. Schalten Sie den Fernseher aus, legen Sie Ihre Geräte beiseite und verbringen Sie etwas Zeit mit Ihrer Familie. Es spielt keine Rolle, welche Ablenkungen und Probleme auf Sie zukommen. Ihr Kind muss wissen, dass es für Sie ein wichtiger Teil Ihres Lebens ist.

Essen Sie mit Ihrer Familie

Wenn Sie und Ihre Familie gemeinsam essen, können Sie ein gutes Gespräch führen und Zeit miteinander verbringen. Schalten Sie Ihre Telefone und andere elektronische Geräte aus und verbringen Sie stattdessen Zeit miteinander. Wenn Sie Ihren Kindern beibringen wollen, wie wichtig eine gesunde Ernährung ist, können Sie das auch bei den Mahlzeiten tun.

Rituale schaffen

Wenn Sie viele Kinder haben, sollten Sie darauf achten, dass Sie mit jedem einzelnen Kind Zeit verbringen. Es ist wichtig, Zeit mit Ihrem Kind zu verbringen, um die Beziehung zu ihm zu stärken, sein Selbstwertgefühl zu stärken und ihm zu zeigen, dass es einzigartig und wichtig ist. Ob bei einem Spaziergang in der Nachbarschaft, einem Ausflug auf den Spielplatz oder einfach nur beim Anschauen eines Films zu Hause - es ist wichtig, jedes Kind als einzigartige Person zu würdigen. Manche Eltern planen „Rendezvous-Abende" mit ihren Kindern, um ihnen etwas Zeit für sich selbst zu schenken.

Andernfalls könnten sie zu Eltern heranwachsen, die ihre Kinder emotional nicht gut behandeln. Vielleicht bringen sie ihren Kindern den Wert ihrer eigenen Gefühle nicht bei, weil sie sie nie kennengelernt haben.

Menschen jeden Alters können die Auswirkungen emotionaler Vernachlässigung kurzfristig überwinden und künftigen Problemen vorbeugen, indem sie eine angemessene Behandlung erhalten und ihre eigenen Vernachlässigungserfahrungen erkennen.

Welche Möglichkeiten gibt es, mit den Folgen von Vernachlässigung in der Kindheit umzugehen?

Unabhängig davon, ob Sie als Kind oder als Erwachsener vernachlässigt wurden, ist die Behandlung von emotionaler Vernachlässigung in der Kindheit wahrscheinlich die gleiche. Dies sind einige der wirksamsten Therapieoptionen:

Therapie für die ganze Familie

Eine Familienberatung kann sowohl für die Eltern als auch für das Kind von Vorteil sein, wenn ein Kind zu Hause emotional vernachlässigt wird. Ein Therapeut kann Eltern dabei helfen, ihre Auswirkungen zu verstehen. Er kann dem Kind auch helfen, mit den Herausforderungen fertig zu werden, mit denen es vielleicht schon zu kämpfen hat. Durch ein frühzeitiges Eingreifen können die Verhaltensweisen, die zur Vernachlässigung beitragen, und die daraus resultierenden Folgen möglicherweise geändert und korrigiert werden.

Unterricht für Eltern

Erziehungsprogramme könnten Eltern helfen, die dazu neigen, die emotionalen Bedürfnisse ihrer Kinder zu ignorieren. In diesen Kursen lernen Eltern und Betreuer, die Gefühle ihrer Kinder wahrzunehmen, ihnen zuzuhören und auf sie zu reagieren. Emotionale Vernachlässigung in der Kindheit kann das Selbstwertgefühl und die psychische Gesundheit eines Kindes beeinträchtigen. Sie vermittelt ihnen den Glauben, dass ihre Gefühle unwichtig sind. Die Folgen dieser

Vernachlässigung können schwerwiegend sein und ein Leben lang andauern.

Wie gehen Sie mit emotionaler Misshandlung um?
Wie groß oder schwerwiegend Ihre emotionale Vernachlässigung auch sein mag, denken Sie daran, dass Sie Ihre emotionalen Wunden heilen und gesunde Beziehungen aufbauen können.

Bemühen Sie sich, sich selbst so zu akzeptieren, wie Sie sind. Hier sind ein paar Hinweise, die Sie berücksichtigen sollten:
Wenn man Ihnen gesagt hat, Sie seien übermäßig sensibel oder würden nirgendwo dazugehören, denken Sie darüber nach, warum das so ist und wie sich das auf Ihr Leben auswirkt. Denken Sie daran, dass mit Ihnen alles in Ordnung ist.

Erkennen Sie, dass Sie nicht Ihre Eltern sind
Nur weil Ihre Eltern es versäumt haben, auf Ihre emotionalen Bedürfnisse einzugehen, heißt das nicht, dass Sie das Gleiche tun werden. Erkennen Sie, dass Sie der Einzige sind, der Ihren Lebensweg bestimmen kann.

Denken Sie daran, dass Ihre Wünsche und Bedürfnisse entscheidend sind
Sie sind für die Menschen in Ihrem Leben genauso wichtig wie diese für Sie. Wenn Sie ehrlicher sind, was Ihre Wünsche angeht, und sich in Ihren Beziehungen stärker abgrenzen, kann Ihnen das helfen, sich wichtiger zu fühlen.

Vergeben Sie Ihren Eltern oder ihrem Erzieher so sehr Sie können
Denken Sie daran, dass Ihre Eltern vielleicht selbst mit ihren eigenen emotionalen Traumata zu kämpfen hatten, während

sie Sie erzogen. Erkennen Sie die Auswirkungen ihres Handelns auf Sie an, aber vermeiden Sie es, bitter oder wütend zu werden.

Hilfe von Experten in Anspruch nehmen

Wenn Sie sich von den Symptomen emotionaler Vernachlässigung überwältigt fühlen, ist es keine Schande, um Hilfe zu bitten. Professionelle Intimitäts-Coaches können Ihnen die Werkzeuge an die Hand geben, die Sie brauchen, um sich von der Vernachlässigung zu erholen und Ihre Narben zu heilen. Die Behandlung von emotionaler Vernachlässigung in der Kindheit kann vernachlässigten Jugendlichen helfen, Gefühle der Leere und die Unfähigkeit, ihre Gefühle zu kontrollieren, zu überwinden. Ebenso können Eltern lernen, eine Beziehung zu ihren Kindern aufzubauen, um das Muster zu durchbrechen.

Der erste Schritt zur Heilung Ihres Kindes, wenn Sie ein emotional vernachlässigtes Kind haben, besteht darin, *sich selbst* zu heilen. Diese Gefühle haben ihren Ursprung in der ständigen Vernachlässigung durch die Eltern, die ebenfalls vernachlässigt wurden, als sie aufwuchsen. Genau wie das Familienerbe kann auch die emotionale Vernachlässigung auf jüngere Generationen übertragen werden, denn ein Kind kann sich danach sehnen, gehört, unterstützt, ermutigt, angefeuert und geholfen zu werden. Doch je weniger sie dies von ihren Eltern bekommen, desto mehr *werden* sie unbewusst *zu* ihren Eltern, was bedeutet, dass sich der Kreislauf fortsetzt.

Schlussfolgerung

Urplötzlich trat ein junger, langhaariger Werbefachmann in Annelieses Leben. Sie sah ihn zum ersten Mal auf einer Hütte im Januar und fühlte sich zu ihm hingezogen. Es folgte ein kurzes Gespräch bei einem Glühwein in einer Hütte - und der Austausch von Nummern. Die nächste Verabredung fand mit Geschäftsleuten statt, und sie gab vor, den jungen Mann, Kurt, schon seit Jahren zu kennen. Diesmal war die Anziehungskraft fast magisch, ihr inneres Kind, das verzweifelt versuchte, herauszukommen glaubte einen Seelenverwandten entdeckt zu haben.

Es war magnetisch, und sie beschloss, ihr Leben noch einmal zu ändern und die Welt von Glanz und Glamour, Milliardären und Berühmtheiten zu vergessen. Die Aufmerksamkeit und der Status, den sie genoß, hatten nichts zur Heilung ihres inneren Kindes beigetragen. Sie waren nur eine Maske hinter der sich ihr wahres Ich, ihre Sehnsüchte und Emotionen verbargen.

Sie waren nichts mehr, hatten plötzlich keine Bedeutung und jetzt wollte sie mehr denn je Frieden - Frieden von dem tobenden Sturm in ihrem Inneren. Frieden von dem Leben, das sie gelebt hatte. Frieden vom Glanz und Glamour. Alles, was sie jetzt brauchte, war friedliche Heilung, die sie von der Aufmerksamkeit nie bekommen würde, weil sie nur ihre tief verwurzelten Ängste verstärkte.

Kurt war nicht arm, aber er gehörte zu einer anderen Kategorie, als sie es gewohnt war - er war zwar etabliert, aber er gehörte sicher nicht zu den In-Crowds in Europa. Nichtsdestotrotz verliebten sie sich ineinander, und sie verließ ihren Mann bei Nacht. Sie floh fast aus London aus dem großen, vornehmen Haus und zog in eine normale Etagenwohnung in München.

Die Dinge kehrten zur Normalität zurück.

Sie wollten beide ein Kind, und sie wurde schwanger. Mit dem Baby im Bauch wusste sie, dass sie sich mit ihrer Vergangenheit auseinandersetzen und die Dinge endlich regeln musste, also flog sie nach Genf, um den Scheidungsvertrag mit den Anwälten zu unterzeichnen. Ihre Schwester war ebenfalls anwesend, da sie gemeinsam mit dem Ehemann von Anneliese das Mellon Haus besaß. Der Termin sollte eine reine Formsache sein, denn der hälftige Anteil an der Mellon-Villa sollte Anneliese überschrieben werden , und sie würde im Gegenzug auf den hälftigen Anteil an der großen Villa in Belgravia/London verzichten. Die Verträge waren schon unterschriftsreif vorab besprochen und es sollte in Genf nur unterzeichnet werden. Wie sich jedoch herausstellte, wurde Anneliese bei diesem Termin überredet, einen Vertrag zu unterschreiben und für eine Pauschalsumme von 30.000 Dollar auf alle Rechte und Titel zu verzichten, obwohl allein ihre Hälfte des Hauses in Belgravia Millionen wert war. Sie kam weinend nach Hause, nicht weil sie so viel Geld verloren hatte, sondern weil sie sich so verletzt und von allen, vor allem sich auch von ihrer Schwester verraten fühlte.

Ihr früherer Ehemann versuchte beharrlich, sie wieder zu gewinnen, auch mit dem Baby – das schaffte nur zusätzlichen Stress.

Sie wollte nur raus – in ein neues Leben- und so akzeptierte sie alles und die Scheidung war besiegelt und unterzeichnet. Auch später verzichtete sie auf jegliche Anfechtung – man hatte eine im 8. Monat Schwangere, ohne anwaltliche Begleitung offensichtlich bewusst getäuscht – sie wollte vergessen und heilen.

Die Beziehung, die ein Kind zu seinen Eltern oder seiner Betreuungsperson aufbaut, ist von entscheidender Bedeutung. Kinder schauen auf ihre Eltern, um zu beurteilen, ob sie sicher, geborgen und geliebt sind, während sie wachsen und sich verändern. Eine positive Eltern-Kind-Interaktion hilft Kindern, die Welt um sie herum kennenzulernen. Sie ist auch das Fundament, auf dem ihre zukünftigen Beziehungen aufgebaut werden.

Um eine solide Eltern-Kind-Beziehung zu entwickeln, müssen Sie Ihrem Kind gegenüber präsent sein, viel Zeit mit ihm verbringen und ein Umfeld schaffen, in dem es sich frei entfalten kann. Es gibt kein Patentrezept oder eine narrensichere Methode, um diese Beziehung zu perfektionieren, und Sie werden auf dem Weg dorthin mit Sicherheit auf Herausforderungen stoßen. Ihr Kind wird jedoch wachsen, wenn Sie sich weiterhin darauf konzentrieren, Ihre Beziehung zu verbessern.

Als Elternteil sollten Sie herausfinden, warum Ihr Teenager rebelliert. Wenn Sie das herausgefunden haben, können Sie Ihrem Teenager helfen, bessere Entscheidungen zu treffen. Es ist auch wichtig zu erkennen, dass Ihr Jugendlicher ein gewisses Maß an Freiheit braucht, was die Gestaltung seiner Zeit angeht. Mit Ihrer Hilfe werden Sie und Ihr Teenager diese schwierige

Zeit ohne allzu große Probleme überstehen. Es braucht nur eine Generation der Heilung, um diesen Familienkreis zu durchbrechen.

Anneliese hat zwei Kinder mit Bravour großgezogen, hat alle Lasten eines Achterbahnlebens auf sich genommen und war und ist eine gute Ehefrau und Mutter. Dennoch wollte sie nie allein Verantwortung übernehmen und keine Karriere machen, auch wenn sie das Talent dazu hatte.

Trotz ihres mangelnden Selbstbewusstseins und Vertrauens rettete sie die Rückkehr zur Normalität. ***Ein goldenes Herz ersetzte ihr kaltes Herz.***

Endlich angekommen, erkannte sie, dass sie nicht den Glamour, sondern die Liebe braucht, ein Zuhause und Wärme.

Bis heute ist sie sehr, sehr glücklich und denkt nicht an ihr altes, kaltes Leben zurück.

Wenn Ihnen dieser Titel gefallen hat und Sie über andere Themen lesen möchten, die mein Leben verändert haben, sehen Sie sich bitte meine neuen Bücher bei Amazon oder auf meiner Website an: www.my-mindguide.com.

Lassen Sie uns auch über die sozialen Medien in Verbindung bleiben. Bitte schreiben Sie mir auf Facebook oder Instagram, und halten Sie mich auf dem Laufenden! Sie können mir Ihre Gedanken auch gerne direkt mitteilen: gassner@my-mindguide. com. Im Gegenzug schicke ich Ihnen eine wunderschöne Infografik, die Sie ausschneiden und einrahmen können.

Bitte hinterlassen Sie auch eine Rezension auf Amazon, denn so kann ich ein noch breiteres Publikum erreichen. Vielen Dank für Ihre Zeit, Ihren Einblick und Ihren unermüdlichen Wissensdurst!

Ich möchte mich bei all meinen Kollegen, Kunden, Freunden und Familienmitgliedern bedanken, die alle dazu beigetragen haben, was ich heute bin.

Ich möchte auch Gabriel Palacios danken, dem König der Hypnotherapie und Schweizer Bestsellerautor. Er hat diesem alten Fuchs neue Tricks beigebracht und mich tief in das Geheimnis der Hypnotherapie eintauchen lassen. Ich habe auf dieser Reise so viel gelernt, dass ich jetzt selbst ein zertifizierter Master-Hypnose-Coach und Gesprächscoach bin!

Außerdem möchte ich mich bei den fantastischen Lehrern von SAMYANA/Bali bedanken, die mich zu einem zertifizierten Yoga- und Meditationslehrer ausgebildet haben. Last but not least gilt mein besonderer Dank meinem Meisterlehrer Eckhard Wunderle, der für mich fast ein Heiliger ist. Er hat mich in die Welt der Meditation eingeführt und mich all die Wunder, die sie zu bieten hat, entdecken lassen. Ich könnte nicht stolzer sein, dass ich meine Meditationslehrer-Zertifizierung direkt von ihm am Institut für Spirituelle Psychologie erhalten habe. Frieden, Liebe und Glück für Sie alle - bis zum nächsten Mal!

Authors portrait

Kurt Friedrich Gassner hat im Laufe seines Lebens viele Rollen gespielt. Unter anderem war er Serienunternehmer, Kreativdirektor, Meditationslehrer, lizenzierter Hypnosetherapeut und seit kurzem auch Autor für Selbstverbesserung. Durch die Nutzung seines Erfahrungsschatzes und seiner fundierten Kenntnisse der Psychologie gibt er seinen Lesern die Werkzeuge an die Hand, die sie benötigen, um ihr unendliches Potenzial zu entfalten.

Als produktiver Selbsthilfe-Autor hat Kurt die folgenden Bücher verfasst: *Die Kunst des Vergebens, Lügen oder Sterben, Soul-Match, Kann man einen vergifteten Verstand erben? und Die Macht der Armut.* Er ist auch Autor eines Kinderbuch-Bestsellers im deutschsprachigen Raum und hat über 20 Bücher in Arbeit.

Wenn es um dauerhaften Erfolg geht, weiß Kurt, dass finanzieller Wohlstand nicht der einzige Aspekt ist, nach dem man streben sollte. Er mag ein Selfmade-Millionär sein, aber was sein Leben wirklich verändert hat, ist die Beherrschung seines Unterbewusstseins. Beharrlichkeit, persönliche Stärke, Selbsterkenntnis und das Lernen aus vergangenen Fehlern waren die wichtigsten Zutaten, um seine Träume zu verwirklichen. Er bemüht sich, diese Weisheit durch sein Schreiben an andere weiterzugeben.

In seiner Freizeit reist Kurt Friedrich Gassner entweder um den Globus, geht golfen, radelt in den Alpen, wandert oder verbringt Zeit mit seinen Lieben. Seit 37 Jahren ist er glücklich verheiratet und Vater von zwei erfolgreichen Kindern. Zurzeit wohnt er in München, Deutschland, und Kirchberg, Österreich.

OTHER BOOKS BY THE AUTHOR

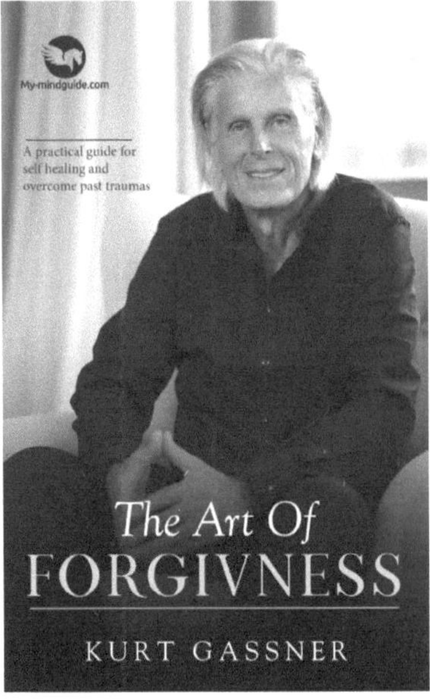

My-mindguide.com
Ein praktischer Leitfaden zur Selbstheilung und zur Überwindung vergangener Traumata
Die Kunst Der
VERGEBUNG
KURT GASSNER

My-mindguide.com
SEELEN
VERWANDT
WIE MAN DIE KRAFT DES UNTERBEWUßTSEINS FÜR SEINE BEZIEHUNGEN NUTZT
KURT GASSNER

Ein inspirierendes Buch zur Überwindung vergangener Traumata
KRAFT DER
VERGEBUNG
SELBSTVERGEBUNG HEILT
KURT GASSNER

My-mindguide.com
Passt
Du zu
Mir?
Wie wir swipen lernen, ohne uns zu verletzen
KURT GASSNER

GROW
WITH YOUR
FAILURES
GROW THROUGH YOUR FAILURES
KURT GASSNER

WACHSE
MIT DEINEN
MISSERFOLGEN
WACHSE DURCH DEINE MISSERFOLGE
KURT GASSNER

Lass
Los!
Verändere dein Unter- Bewusstsein, befreie dich
von materieller Abhängigkeit & wahre Lebensgeschichten
KURT GASSNER

Let
Go
Rewire your subconscious mind with hypnosis
& cure material addiction – Real Life Stories
KURT GASSNER

My-mindguide.com
NEVER
APPLIED
THE ULTIMATE POWER TO THINK
AND ACT OUT OF THE BOX
KURT GASSNER

My-mindguide.com
NIEMALS
BEWORBEN
DER ULTIMATIVE SCHLÜSSEL ZU
UNKONVENTIONELLEM DENKEN
KURT GASSNER

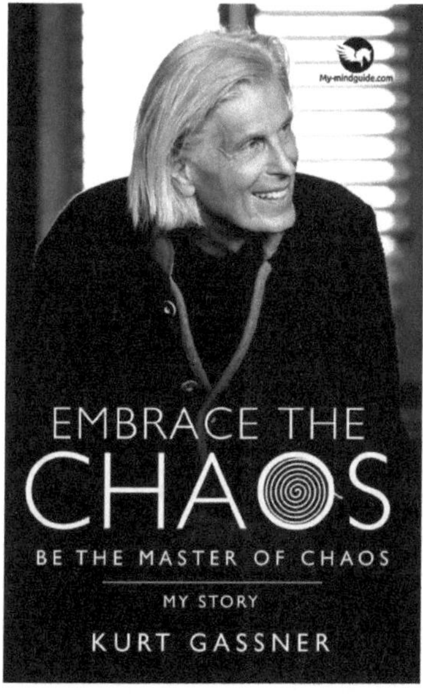

EMBRACE THE
CHAOS
BE THE MASTER OF CHAOS
MY STORY
KURT GASSNER

My-mindguide.com
DAS
CHAOS
BEHERRSCHEN
WERDE MEISTER DES CHAOS
MEINE GESCHICHTE
KURT GASSNER

BESTSELLING AUTHOR OF
The Art Of
FORGIVNESS
AMAZON #1 BESTSELLER
My-mindguide.com
A practical guide for self healing and overcome past traumas
The Art Of
FORGIVNESS
KURT GASSNER